ジャパン・ホラーの現在地

吉田悠軌・編著

集英社

ジャパン・ホラーの現在地

目次

装丁／本文デザイン
今井秀之

1

今、テレビだからこそ出せる「怖さ」

大森時生

大森時生《おおもりときお》

テレビ東京プロデューサー。１９９５年生まれ。東京都出身。担当番組に『Ａマッソのがんばれ奥様ッソ！』『このテープもってないですか？』『SIX HACK』などがある。

２０２２年が明けてまもなく、私のＳＮＳのタイムラインに不穏な投稿が頻発したのを、今でも覚えている。別々のアカウントたちが呟いていたことを総合すれば、概《おおむ》ね以下のとおり。

> **……去年の年末に不気味な番組が放送されていた。TVerで配信中だが、視聴期間は1月で終わってしまうので早く見たほうがいい。今はそれ以上何も言わないでおく……。**

彼らが述べていた番組とは、『Ａマッソのがんばれ奥様ッソ！』。表向きは、大家族や地方の村にレポーターがお邪魔する、奥様向けハートウォーミングバラエティ。しかしＶＴＲの各所に不穏な違和感がにじみ、怖ろしい秘密が隠されていることを予感させる。体裁は明るいバラエティなので、裏側の恐怖がより際立つというフェイクドキュメンタリー番組だった。

本放送はＢＳテレ東２０２１年12月27日〜30日の深夜23時30分からの4夜連続。年末特番の激戦区のなか、この時間帯にＢＳへチャンネルを合わせる人は多くはなかっただろう。制作サイドはTVerなど放送後の配信視聴を意図していたはずだし、もしかしたらＳＮＳで話題となることも計算のうちだったのかもしれない。だとすれば、その目論見はおおいに成功した。

ここでテレビ東京プロデューサー・大森時生の名前を知った者は多かっただろう。大森氏がテレビ東京若手映像グランプリ2022で優勝した『Raiken Nippon Hair』も個性的なフェイクドキュメンタリーだったが、どちらかといえば笑いの方向に振れた番組だった。

2022年の年末にもまた、大森氏は不穏な番組を仕掛けてきた。『テレビ放送開始69年　このテープもってないですか？』は、やはり年末の深夜、BSテレ東にて3夜連続放送された番組。本書に登場する梨氏も構成に関わっており、恐怖の風味もさらに独特なものとなっている。

番組としては、視聴者から昔のテレビ番組の録画映像を募集するという一見すれば穏当な企画。だが次第に流れる過去映像の内容が不条理さを増していき、それにつれてスタジオの出演者たちの言動もどんどん支離滅裂となる。あたかもVTRからスタジオへと狂気が伝染しているようで、それは今にもテレビ画面を飛び出し、こちら側へと浸食してきそうだ。

そう、大森氏の恐怖の焦点は、いつも視聴している我々への「浸食」が意識されている。その仕掛けは古いメディアである書物よりも、新しいメディアであるインターネットよりも、まさしくテレビによってこそ最大限の効果を発揮するはずだ。

今、テレビだからこそできるホラーとはなんなのか。大森氏にお話を伺ってみることにしよう。

笑いと怖さの相性の良さ

吉田　『Aマッソのがんばれ奥様ッソ！』（以下『奥様ッソ』）が話題になったとき、『放送禁止』や心霊ドキュメンタリーのカルチャーに触れてこなかった人にも、こんなに響くものなんだっていう感慨があって。そのときは大森さんのお名前は存じ上げなかったんですが、すごいって思ったんですね。

またこれまでなかった新しい局面として、TVerで後から繰り返し見られているところ、TikTokなどで切り取られたりしてるところなどがあります。フェイクドキュメンタリーの新しい段階、しかもテレビにおいて新しい段階に入ったというのが非常に興味深く感じました。Aマッソのライブ『滑稽《こっけい》』も観劇させてもらい、大変面白かったです。内容は詳しく触れられませんが、あのラストも独特でした。

大森　ありがとうございます。『滑稽』には、インカメで写真を撮られたという演出があるんですが、それについてはライブではなく配信だけのものです。配信でご覧になった方にもインカメで笑顔の写真を撮ってもらって「ご協力ありがとうございます」という一文を入れて。

吉田　すごく嫌な感じの終わり方ですよね。嫌な感じの空気を共有しやすいのは、やはり配信よりもライブのほうだと思いますが。

大森 最後が「笑い」で終わらないので、かなり不安でしたね。笑いと違って、怖がっているリアクションというのは見えにくいじゃないですか。怪談ライブではリアクションというのはあるんですか。

吉田 笑いに比べたら全然少ないですね。怪談初心者の人だったら「きゃあ！」とか言ってくれるんですけど、マニアの方は最大限にウケたとしてもせいぜい「ほほお」と頷くくらい。

ただ逆に言えば、コロナ禍以降のネット配信については、怪談はスタートを切りやすかった。もともと客の目に見える反応をそれほど必要としていないジャンルでしたから。お笑いは配信に踏み切るまでに、数歩遅れていたかな。

大森 お笑いでは、お客さんゼロの配信は上手くいってなかったものも多かった印象はありますね。笑いの反応がないから演者さんも間が悪くなったりする。

『滑稽』については配信ならではの工夫もしましたが、正直、ライブ会場に向けて作ったという思いが強かったですね。ライブ会場にいた人たちが巻き込まれていくという感覚を重要視していました。

吉田 それでもやはり映像を多用していますよね。

大森 はい。新興宗教のプロパガンダＶＴＲを作るという設定が面白そうだと思ったので、その部分がある程度はちゃんとした映画っぽくなる必要はあるな、と。それで、だんだん長くなっていったという感じです。

ジョーダン・ピールの『NOPE』という映画を見て思ったんですけど、「見るものと見られるもの」の関係性が、最初は見る者じゃなかった人間が見られる者になっていく、あの雰囲気が面白いな、と。「笑う」というのは加虐性のある行為ですし、笑う者・笑われる者の関係って残酷であり不気味な関係性だと以前から感じていました。「笑う」という行為の暴力性を表面化させる仕掛けを、お笑いライブでできたら面白いなと考えたんです。これはAマッソさんじゃないと絶対できなかったと思うんですよ。単純なお笑い一番ではない新たな面白さ、広い意味での面白さの表現をすごく追求されているコンビなので。だからこそ『滑稽』をやらせてもらえたというか、他の芸人さんだったらあれを受け入れてもらえる可能性は低いでしょうね。

吉田 大森さんは笑い方面とともに、絶対どこかに居心地の悪さを作りますよね。『奥様ッソ』『このテープもってないですか?』（以下『このテープ』）、またはそれより前の『Raiken Nippon Hair』（以下『Raiken』）からも。

大森 『Raiken』は僕としてはそこまで居心地悪いものを作ったつもりではなかったんですが、意外とそういう意見は多かったですね。

普段感じない感情を感じるとき、というのが僕としては一番面白い。テレビというのはあらゆるメディアの中でも唯一、勝手に「こちら側」に侵入してくるメディアじゃないですか。YouTubeのように自分で動画を探すのではなく、勝手に放送で流れてくるもの。そんな場所で認知が歪む瞬間、自分自身も巻き込まれていく感覚、テレビの中だけじゃなくこちら側にも影響してくるような感覚。そういうものを生み出したいという思いがあります。まあ、僕の番組はリアルタイムでは見づらい時間帯ばかりですけど。

吉田　「テレビでこれをやっているから」こその面白い・怖い・不気味という視聴者の反応もあると思います。おそらくインターネット動画だったら、そういった反応にはならない。内容面についての面白い・怖い・不気味はもちろんあるとしても、それとは別の、形式面についての怖い・不気味というもの。テレビがネットに押されていると散々言われている現在でも、まだまだテレビは権威であり、マスメディアの王様といった見られ方をしているからではないでしょうか。

大森　マスメディアの王様というのは、もう本当に畏れ多いんですが。例えば自分がYouTubeに上げる動画を作ってくださいと言われたら、おそらく作り方も変えるでしょう。テレビの場合は、勝手に流れてくるというインターネットにはない面白さを際立たせたい。『このテープ』なら、徐々に伝染していく雰囲気、穢《けが》れが移っていくような雰囲気。そういった伝染の感覚は、テレビが一番出せるのではないか。ネットよりもテレビのほうが、大きい意味でのミーム汚染のような現象を起こせるんじゃないかという気がしますね。

吉田　ネット視聴はある程度、主体的で能動的である。かたやテレビのほうは、マスメディアが発信し、大衆が受動するものという性質ですからね。だからまた、そこに暴力性も感じていると。

大森　テレビの暴力性は、かなり強いと思っています。ライブ会場とも違う、そういった暴力性に無頓着なテレビ制作者も少なからずいると思うので、逆にその暴力性をちゃんと理解した上で暴力的なものを作る、ということに意味があるのかなと。

『奥様ッソ』は、テレビの暴力性みたいなものがかなり見えやすい作品だったかと思いますね。現実問題、あそこまでわかりやすいストーリーではないにせよ、制作者側にとって都合のいい・視聴者にとっても都合のいいように切り取ったり見やすくするという行為が行われています。それは視聴者への暴力だけでなく取材対象者への暴力でもあるのかもしれませんが、そういった暴力性というものがテレビにはある。その暴力性に視聴者が気づいていないのか気づこうとしていないのか。それはわからないですが、「気づかない」ということも含めて『奥様ッソ』のあの雰囲気が出せるのではという狙いです。

吉田　とはいえ、視聴者にはさすがにどこかしらで気づいてもらわないと成立しないですよね。本当に奥様向け番組だと思って見終わる人がいると、ちょっとそれは困る。

大森　『奥様ッソ』については、初めて作った番組だったので、だいぶ意図的にどんな人でも絶対に気づくぐらいに作ろうとは思っていましたね。

吉田　長江俊和さんの『放送禁止』も参照されていますよね。

大森　『放送禁止』は昔からすごく好きだったので。ただ『放送禁止』と違うテイストではいきたかった。『放送禁止』以降、テレビの不気味なコンテンツっていうものの空白期間が長かったと思っていまして。逆にここ最近だと若干復活していますが、心霊番組とかも全滅していた時期が長かったじゃないですか。そんな中、僕がもともと黒沢清監督の不気味で後味が悪いものが個人的に好みだったこともあって、そういうテイストでやりたいなっていうのはありました。

吉田　『放送禁止』も〝事実を積み重ねることが必ずしも真実に結びつくとは限らない〟というテーマで、テレビスタッフ側の暴力性や傲慢さを反転して見せることが長江さんの中心にあったと思うので、そのあたりの問題意識は共有されているんじゃないですかね。

大森　『放送禁止』はいちおう冒頭に「これから変な点があるのでご注意を」といったサジェストがありますけど、『奥様ッソ』にはない。だから何が起きているかをよりわかりやすくしないとならない。そもそもフラットな視点で見始める視聴者が多いという前提ですから。フラットに見ていた人のほうが、おかしさに気づいた時にゾッとするでしょうし。その意味でも『放送禁止』よりさらにわかりやすく作ろうという意識はありました。

吉田　最初に前置きをしないという戦略ですね。『放送禁止』はファウンド・フッテージ形式で、2017年にテレビ東京で放送されたドラマ『デッドストック〜未知への挑戦〜』もそう。倉庫に眠っている未公開映像、いわゆるデッドストックを見つけるという、テレビ業界ならではのファウンド・フッテージのやり方でした。ただ『奥様ッソ』はそうではなくて実際にスタッフが制作した番組を今から初放送しますよ……という形式だから、入れ子構造が二重三重に複雑になってきますね。

大森 さすがにファウンド・フッテージものと捉えてしまうと、『奥様ッソ』は成立しないポイントがいっぱいあるんですよね。誰が編集しているんだとか、なんでそれを放送するんだとか、正直説明がつかないところもあるにはあるんですが。

吉田 『奥様ッソ』はスタッフが頭が悪くて気づかなかったとか、またはわかっているけど視聴者はどうせ気づかないだろうと侮《あなど》って放送している……といった形式になるんですかね。

大森 そうですね。形式としては一応そうなんですけど、さすがに無理があるよなと自分で思ってはいます。ただファウンド・フッテージものの整合性を取り過ぎてつまらなくなるよりは、エンタメとしての面白さのほうを取りたいという判断ですね。

『このテープ』においては、もう最終的に作った人、放送する人、制作者側がおかしくなってしまっているので、そこは説明がつく。だからあの構造になったというのもあります。

吉田 『このテープ』はもう放送局自体がおかしくなっているという設定。編成局長まで含めて変になっていないと、あんな映像は流せないですもんね。

大森 いや、でもテレビって意外と、プロデューサー、チーフプロデューサー、編成担当の3人さえおかしくなればなんでも流せちゃうかもしれません。現実問題として成立する可能性があるからこそ、この形式でいけるなと判断しました。

吉田　でもそれはテレビ東京ゆえのフットワークの軽さではないですかね。ここ10年ほど、いわゆる「テレ東らしさ」への評価が高まっているじゃないですか。『家、ついて行ってイイですか？』『YOUは何しに日本へ？』のように生々しい現実感、リアリティを色んなグラデーションで手を替え品を替えやっているというか。『孤独のグルメ』もドラマだけどその要素がある。社会学者の太田省一がよく言及していることですが。
　そうしたリアリティの面白さを出すテレビ東京が、『奥様ッソ』『このテープ』というフェイクドキュメンタリーを流した……といった捻《ひね》りの効いた面白さもあるのかなと思いました。

大森　「テレ東で放送してるからギリギリありえそう」と思ってもらえる効果は、あるかもしれないですね。作り物過ぎなく見えるのかもしれない。そもそも一般人のご家庭に行って密着するというVTRをよく制作しているし、それをずっとやってきた局で『奥様ッソ』が流れるっていうのが、木を隠すなら森の中のように機能している。

吉田　『TVチャンピオン』しかり、素人ものは昔から得意ですからね。近年では、私も出演させてもらった『ドラマ25』みたいにドラマとドキュメンタリー要素を混ぜたり。大森さんの番組は、それを非常に振り切れたところまでやっているなという印象です。フェイクドキュメンタリーやモキュメンタリーへの興味というのはもともとあったんですか。

大森　ありますね。原体験で言うと『放送禁止』かもしれない。一番最初にモキュメンタリー、フェイクドキュメンタリーという言葉を意識したのは『放送禁止』だったと思います。多分高校生の頃で、放送で見たのではなくDVDだったかと。

確か2ちゃんねるのまとめブログで「この家族やばすぎワロタ」みたいに切り抜かれてたんですね。かと思いきや、スレッドの最後の方で「これは『放送禁止』という作りもんやで」と書き込まれていて。なんだろう、それは……と。まだフェイクドキュメンタリーという概念自体をちゃんと知っていたわけじゃなかったので、本当のものとして本物っぽくフェイクを描くという概念に出会った一番最初でしたね。

吉田　それは非常にいい出会い方ですね。表面的に見れば、『放送禁止』にだまされた人、「本当のやばいドキュメンタリーをテレビで流しちゃってるじゃん」と興奮した人が2ちゃんねるに書き込んだスレッドですよね。本当にはだまされていないのに、少なくともそういう形式でスレが進んでいき、他の投稿者もおそらくわざとだまされたふりをして乗っかっている。そういった視聴者の共犯関係も込みで、フェイクドキュメンタリーの概念に出会ったわけですからね。

大森　そういう意味でちょっと嬉しかったのが、『奥様ッソ』はTikTokですごく広がったんですよね。「この家族、本当にやばすぎ」みたいに切り抜かれて、TikTokで何百万再生されて。

昔の僕が2ちゃんのまとめで見てたものの現代版なのかなと思います。しかも動画で出ますし、そこで初めて見る人たちも大勢いる。中には「Aマッソは気づいていないのでは」「少しだけ気づいて微妙な笑顔してるのでは」みたいなコメント込みで広がっていく。こういった形でフェイクドキュメンタリーに出会う中高生もいるのかなと、襷《たすき》を繋いだような感覚で勝手に喜んでますね。まあ違法アップロードですから、喜んではいけない立場でもあるんですけど。

吉田　今や視聴者側も編集して放送できる立場にあるってことですね。昔は口コミで、2ちゃんやまとめブログという文字情報だったのが、TikTokなどはまさに映像が勝手に切り抜かれて、自分たちの知らない編集をされた形で拡散されていく。良し悪しですが、その広がり方が最終的に作り手の立場として得になることもある。

先ほどの暴力性でいうと、視聴者側も制作者側の作品を勝手にぶん取って編集して放送できるという力を持ち始めた。ただし、またある意味では共犯関係にもなっている。こうした関係性自体が、非常にテレビ的な在り方ではないかと思うんですよね。それはテレビ側とコラボして宣伝やお金稼ぎをするといったような、直接的な協力関係ともまた異なります。

大森　TikTokに『奥様ッソ』の切り抜き動画を上げた人は間違いなくフェイクだとわかった上で、これを使って知らない人たちをビビらせてやろうという意図だったと思います。編集の仕方もそういう編集でしたし。宣伝してあげようと思ってやっているわけでもない。その人も『奥様ッソ』を素材として使って怖がらせてやろうという気持ちで広めていく。こうした広がり方というのが、まさにミーム汚染みたいな感じがして面白いなと思います。

テレビにおけるフェイクとヤラセ

吉田 大森さんの言う「ミーム汚染」って、ポジティブに言い換えたら「祭り」だと思うんですね。ヤラセというものは昔から日本のテレビでもあったけれど、わざとヤラセ的なことをやって、それに視聴者もわかった上で乗っかっていくという在り方ができたのは、テリー伊藤からかな……という気はするんですよね。『天才・たけしの元気が出るテレビ!!』の1985年ぐらいから。謎のインド人の超能力者が来日して代々木公園でイベントをやるとか、命を吹き込まれた巨大な大仏が街を歩くとか。

明らかなフェイクなんだけど、それをリアルですという形式で出す。もちろん日本やアメリカのプロレスの影響もあるかもしれないですけど。そういうことをテレビでやって、かつ視聴者も祭りとしてだまされたフリをして乗っかっていく。中には本当に「だまされた!」って怒る人もいたでしょうけど。

大森 そういう演出って、本当に怒っちゃう人がいるのも含めてというところはあるので。

吉田 その後の流れとして『ガチンコ!』や『あいのり』が出てくる。しかし両番組の場合は、一応形式としてもヤラセじゃないとして打ち出している。

大森 そうなるとどうしても暴力性を孕《はら》んだコンテンツになってしまいますよね。フェイクドキュメンタリーというフィクションを楽しむのではなく、そこの境界線を本当に無くしてしまっている。わかった上で楽しむ人のほうがむしろ少数派になっているがゆえに、一部の事件とかが起きてしまったと思いますけど。

テレビ制作者の僕ですら、どこが作っている部分で、どこがリアルかというのは本当にわからないんですよ。カット割り的に、一回ここでカメラを止めてないと絶対無理といったようにわかる部分もありますけど、それにしたって僕がテレビを作っている側で、映像編集をしているからやっとわかるだけで、そういう知識がない一般の人からしたら、絶対にわからないレベルまでいってしまっている。

吉田 演者が内面でどこまで演技しているかについては、もう当の制作スタッフですらわからないでしょうし。

大森 どれぐらいディレクターが指示しているのかも含めて全部、完全に見えないブラックボックスですね。

吉田 さっき『放送禁止』からホラー番組の流れが少し途切れたという話が出ました。確かにその前の『USO!?ジャパン』のようなものもなくなり、『奇跡体験!アンビリバボー』も

大森 ホラー回を制作しなくなっていった。この流れをどう感じていましたか。一つの要素として、クレームを恐れているところはあるかと。テレビというのはできれば一つのクレームも受けたくないという体質なので。百人が面白かったけど一人がクレームを入れたら、良くないと判断する状況ではあったりもします。それは当然、ホラーやフェイクドキュメンタリーとは相性が悪いですよね。僕が入社してからの5、6年でも厳しくなっていってる感覚はありますね。

インターネットが普及していない頃は、もう少し野放図だったというか、クレームをつけるのも電話しかなかったですから。今は炎上をするもっと手前で恐れていますね。手前というか、より大きなサイズで問題が起こらないようにしている。実際に炎上してしまう円のサイズより、嫌だなと感じる人のいる円はもっと大きいですよね。そこもクリアしようとしたら、さらにもっと大きい円になるわけですからね。

吉田 後味の悪い番組も作ろうとしている大森さんにとって、テレビという場は相性悪すぎる面もあるんじゃないですか。

大森 だから『奥様ッソ』より『このテープ』の方がやりやすいんですよ。なぜならわかりにくいから。『奥様ッソ』は具体的かつ明確に、義理のお父さんと娘が家庭内不倫をしているという状況がわかりますけど、『このテープ』は穢れが徐々に移って、徐々に人がおかしくなっていく……みたいなことなので。ある程度ホラー文化のリテラシーがない人が見た場合、ただわからなかったり、嫌な感じがピンとこない人はピンとこないと思うんです。それゆえに『このテープ』の方が安全だと判断する。

吉田 怪談でいえば『奥様ッソ』の方はヒトコワ、つまり霊的ではなく人の精神が怖い、現象としては物理的に起きてもおかしくないジャンルの怖い話。『このテープ』の方は不条理系怪談ですね。幽霊も出てこないし心霊現象がはっきり起こるわけじゃないけれど精神的に汚染されていく、理由も因果関係もわからない意味不明の怖さ。

大森 論理性がない怪異みたいなものが個人的には好きだったので。『奥様ッソ』を作った頃は、さすがにそれはテレビではウケないし受け入れられないかなと思っていたんですけど、『奥様ッソ』から『このテープ』の間に出てきた『フェイクドキュメンタリー「Q」』(以下『Q』)の存在に勇気づけられたかもしれないですね。理由のない怪異への渇望がある人、それを映像で見たい人もすごく多いんだなと思えたので。『Q』なんて『このテープ』よりさらにわかりにくいとも思いますし。

吉田 あれも感覚でわからなければ、もうわからないですからね。『このテープ』はまだ構造があるから、感覚でわからなくてもストーリーラインとしてこれがあったらこうなったというのがありますけど。『Q』となるともう頭の良し悪しではなく、ホラーの感性がなければわからない類のものです。

大森 それでウケているのが一番すごいと思います。ヒトコワでもなく、因果関係があるから怖いという話でもない。そういったホラージャンルをテレビでやることに魅力を感じて、『このテープ』をやってみたところがあります。

吉田 クレームをつける人がいるのと同じかそれ以上に、共犯関係になってくれる視聴者がいることを期待してもいますよね。特に大森さんの番組って、確実に共犯関係がなければ成立しない。

大森 そうですね。その点では視聴者を信頼しています。

リアルタイム視聴が生む「祭り」

吉田 映像作品においては繰り返し見られることを前提としている感じですか。『ほんとにあった！呪いのビデオ』のようなビデオスルーや、『放送禁止』のようなソフト化作品だと、繰り返し見られることが前提ですよね。特に今はレコーダーも普及していればTVerもありますから。

大森 まず最初にテレビ放送で見た時の手触りを感じてほしいというのはすごくあります。ただ、もう一回見たいなという人も今はTVerで見るだろうと、自分もそこは見据えてはいますね。

一発目は放送の時間帯で見てほしいのは見てほしいんですよ。『奥様ッソ』も『このテープ』も、年末の深夜帯なので、リアルタイム視聴する人がかなり少ないことは仕方ないですね。そこを前提に作っているというところもあります。

吉田 となると、一昔前のテレビ制作とは違ってきますよね。

大森 テレビで一回放送していたという事実だけで感じ方が変わる人が多いだろうと思います。これがテレビで流れたんだ……ということで、ゾクッとしたり面白いと感じる。

吉田 その感じ方についてはコンテクストとして、文脈としてゾクッとしているということですね。放送時間に、テレビの前で見てゾクッとしているわけじゃなくて、これがテレビで流れたんだという文脈を怖がっているっていう。

実際、TikTokに切り抜き動画を上げる子って、その子たちはテレビを見ていなくても、テレビという権威のあるところでこんなことが起きたらしいよ、という文脈を共有している。元がYouTubeではそうはならないでしょうね。

大森 そこはやはり、ホラーと相性がいいと思いますね。笑いよりも、ホラーの衝撃度の方が。リアルタイムで、インターネットやSNSで「大変なことが起きてるぞ!」と盛り上がってくれるのが本当は一番理想的だなとは思っています、今でも。『Q』も0時00分にプレミア公開します、というのをよくやられているので。みんなで同時に盛り上がることに意識的であり、魅力を感じているのでしょうね。

吉田 寺内康太郎さんの『境界カメラ』もそれを視野に入れた企画ですね。やはり祭り感なのかな。

大森　『Q』はコメントを見ていても考察勢の考察祭りみたいなものが起きていますね。何人もの人がnoteやブログで書いていたり、見た後にそういう楽しみ方をしている。

現実問題として、考察されるところまで盛り上がらないと話題作にならないんですよね、近年では。純粋に「怖かった！　終わり！」だと、話題になっているホラー作品って少ない気がしています。

「考察」という視聴スタイル

吉田　やはり太田省一が指摘していることですが、80年代のフジテレビのお笑いブーム辺りから視聴者がテレビの仕掛け、仕組み、楽屋的なところを非常に意識するようになっていった。とんねるずのバラエティがまさにそうでしたが、テレビ制作者側の立場に立って番組を見る視点が強くなった。

「撮れ高」や日本特有の略語である「NG」も一般用語化している。編集もそうですし、ここカットしてという時にハサミをちょきちょきするジェスチャーなんて、もうフィルムじゃないんだから意味不明なはずなんですけどね。

とにかく、作る側の意図をのぞき込んだり勘案する見方が当たり前になっている。その一つの有り様として「考察」があると思うんです。「考察勢」「考察ブーム」といったような、その辺りは意識されていますか。

大森　正直、考察ということ自体にそんなに興味がない……というと言い過ぎなんですが、不気味さや恐怖、何か嫌な気持ちを感じるとき、絶対に余白が必要だと思っていて。こういう理由でこの人はこういう行動をして、幽霊はこういう理由でこの人に呪いを与えました、と全部がわかってしまったら別に怖くないのではないか。

逆に僕は、どういう理由で危害を加えてくるかわからない人を一番恐怖に感じるんです。ただそのために余白を空けておくと、結果的にそれが視聴者の考察に繋がるかもしれません。僕自身は、考察という事象には正直それほど興味がないのですけど。

吉田　考察させる背景には二種類あって。一つはクトゥルフ神話体系を嚆矢《こうし》として、『指輪物語』だったり、『エヴァンゲリオン』にも連なっていくような、ものすごい設定が背景にあるし制作者も考えているけれど、ストーリーの表面に出てくるのは一部だけ、というタイプ。ハードSFの作品群とかもそうかもしれません。

それとは別に、特に裏設定は用意されていないのだけど、作者が余白を作るから、みんな勝手に想像しちゃうというタイプ。ある意味で、実話怪談もそうですね。誰かの実体験なんだから、とにかくこういう怪現象はあった、でもその因果関係などはわからない、不明の余白を残したままで提出するしかない。そんな怪談を語った後、みんなであれこれ考察したりするのも醍醐味なんです。

大森さんの場合は、実話だからではなく意図的な余白作りなのですが、とはいえフェイクドキュメンタリーとして提出するパッケージングとしては、これは実話なのだから不明部分がたくさんある……という出し方の構造であることには変わりない。

大森 バラエティ番組は一応リアルなものだと見なされているので、必然的に怪談の形式と似通うところはあるかもしれないですね。

僕自身、設定というかシステムを考える段階は好きなんです。『エヴァンゲリオン』のようにほぼ表面化させてないんですが。『このテープ』は梨さんと一緒に設定を考えていましたけど、「放送段階では何も残ってなかったですね」と話し合ったくらいで。

これがこうしてこうなった、というのを作り過ぎた後に間引いていることはありますね。そこの論理性を重視するがあまり、見終わった後、スッキリされてしまったら逆に困るというか。自分は「解決もの」を作りたいわけではないので。

吉田 ただ近年のホラー文化の受容層を見ると、やはり皆さん考察することを意識的に楽しんでいる。逆に言うと「解読できる」と思っている。意味不明な不条理も、何らかの形でデコードできると考えている。大森さんや梨さんのようなタイプの制作者側は解読できるようには作っていないと思うんですけど。

大森 『このテープ』は正解があるはずと考察されるような要素を作っていないと自分では思っていたんです。『リング』の呪いのビデオのように感染するというルールがあるのは明確だし、演者が発するワードサラダ的な言葉も、まあ多少の意味を持たせたりはしましたけど……。それでも、あそこまで意味を考察されるとは思わなかった、というのが正直なところです。

吉田 そうなんですよ。だから逆にどうすれば考察されずに済むのかということにも興味があります。どこで線引きするのだろう。でも、明確にどこか違うんでしょうね。例えば『Raiken』も考察しようと思えばできますけど、なんで恐竜から変なものが出てくるんだというコミカルな演出はおそらく考察の対象にはならない。どこが考察の対象となり、どこが考察の対象にならないのかな。

大森 やはり『Q』や『このテープ』のような後味が悪いものだと、何か答えを見つけて終わらせてスッキリしたい……という感覚があるのかもしれないですね。何らかの答えを見つけて、こんなものを見てしまったという事象をいったんゴールさせたい。そういった無意識の感覚が人を考察させるのかもしれません。

吉田 なるほど。バラバラの文字列にエンコードされたままでは耐えられない。自分たちにとって整理された文字列にデコードしたい。ただバラバラの文字列というのも、別にそっちから見てバラバラなだけだという勝手な意見ですよね。それをそっち側の言語に整理し直さなくてもいい、しない方がいいんじゃないかと思ったりもします。

ビデオテープはなぜ怖い？

吉田　大森さんがテレビでやりたいことには、たまたま見ることの面白さ、そこで遭遇させる面白さというのが含まれていますよね。

大森　そうですね。『放送禁止』第一回をたまたま見た人って、今でもすごい熱量でその話をする。予想もしてない方向から刺されたという感覚が多分、強く残っている人が多いのでしょう。そこへの憧れみたいなのはやっぱり、ありますね。

吉田　それこそ放送事故的な話で言えば、1986年、岡田有希子が自殺した後の『夜のヒットスタジオ』の幽霊騒ぎが、その典型例かなとは思うんですよね。雑誌でいえば『女性自身』がそれをずっと記事にしていたんですが。中森明菜の後ろにこういう風なものが映ったとか、舞台美術の袖に変な人影が見えたとか、不自然に顔の白い人が座っていたとか。でもそれは雛壇に座る聖飢魔Ⅱのデーモン小暮だったりもしたんですけど。

大森　シンプルに変な見た目の人がいたと（笑）。

吉田　生放送中に異変に気づいた視聴者たちが、電話をフジテレビにばんばんかけまくったという。これが先ほどまで話していたようなリアルタイムの側面。

ただもう一つの重要な側面として、当時、録画ビデオが一般家庭に普及してきたので、ビデオで事後的に見るという人たちの出現も、この岡田有希子幽霊騒ぎの大きな要素としてあったんですよね。『女性自身』の記事を読んでも、その側面がはっきりと窺えます。テレビにおけるリアルタイムと事後の連携というのは当時からあった。

大森　また当時はＶＨＳにしろベータにしろ、ダビングもそうだし、何回も見ているうちにテープが擦《す》れて画質がぼやけてくる。それで、より幽霊らしく見えるようになるという。ＶＨＳ特有のよれ方というのは、なんなんですかね。人間の本能に刷り込まれているんじゃないかというくらい、全員共通で不気味に感じてしまいますよね。

吉田　今の若い人もＶＨＳの粗くなった画像を「怖い」って言うんですよね。全くＶＨＳに接していない人たちなのに、なぜかそれを怖がったり懐かしいと思う。

大森　これもヴェイパーウェイヴ的な話ですけど、本当は存在しないノスタルジーみたいなものを、僕自身もＶＨＳに感じます。『このテープ』も、そうした質感の再現には相当時間をかけました。誰かが持っていたHi-STANDARDのライブ映像を録画したＶＨＳをもらって、もともと擦り切れていたテープだったんですが、編集所でそこにデータを突っ込んで、もう一回取り出して、デジタイズしてを繰り返しました。

吉田　不思議なんですよね。私も8ミリフィルムや、もっと言えば坂本龍馬が写っているようなガラス乾板の写真も懐かしいと思ってしまう。でもやはりどの世代にも、ホラー文化としてはＶＨＳが人気ですね。『リング』の呪いのビデオだって、あれはフィルム感もあるけど、細かくいえばフィルムをＶＨＳにテレシネした質感、結局はＶＨＳの質感ですよね。

大森　『リング』は呪いのシステムがはっきりしすぎているところは好きではないんですが、呪いのビデオ自体の映像や質感には、『このテープ』も影響を受けていると思います。

吉田　『このテープ』を編集していて思ったのは、ＶＨＳって人間の目が特殊な映り方になる気がするんですよね。そもそも陰影がかなりパッキリしているので、それが擦れると、不自然に目が大きく見えて、白目が潰れがちになる。そこも恐怖を与えるのかな。

大森　不気味の谷ですかね。フィルムという質感か、４Ｋとかのハイデジタルな質感かのどちらかに寄っていたら怖くない。しかしＶＨＳは、人間に近いんだけどちょっと人間と違う不気味さを衝いてきているのかもしれない。

吉田　その点、ＡＩはもう不気味の谷を越えてしまっていますね。文章も人間の書いたもの、画像も本当の写真に見えてしまう。ちょっと前まで微妙な違和感の気持ち悪さ、怖さを面白がっていたんですけど、今は本当に区別がつかない段階に来ていて、また別のＳＦ的な怖さになりましたね。現時点ではＶＨＳ的怖さの代替品がなさすぎて、みんなＶＨＳに頼っちゃうのかなと思いますね。

大森　そうですよ。『Ｑ』だって多用していますしね。レトロという感覚も非常に重要かと思います。大森さんの作るものも、他の人たちのも含めて、ホラーというのはどこかでレトロ感というものが頻繁に出てくる。

ファウンド・フッテージはある意味でパロディを作らなきゃいけないとなると、パロディ元は誰もが共有している、しっかりした強固な型を持っている必要がある。そうなると先端的なコンテンツではダメだから、必然的にレトロにはなりますよね。
ただ同時に、古ければ古いほど型として確固としているからいいはず、古典のほうがいいはずなのだけど、でもそれだといまいちフックが弱い。近過去のレトロ感というのも大事なのではないか。ファッションも「ちょっと古いものが一番ダサい」と言われるように、その一番ダサいところが一番グッとくるのでは。

テレビの「日常性」の強さ

吉田 『放送禁止』では入れ子の「側《がわ》」に当たる部分の番組自体をバラエティ番組としてしっかり作っている。ある程度、『ザ・ノンフィクション』や大家族特番などの「側」を意識しているのかと思いますが。大森さんの番組でも『Raiken』の2では、『島崎和歌子の悩みにカンパイ』を「側」として設定している。ある意味で、一流タレントや芸人の無駄遣いではないかという程に（笑）。

大森 そちら方向の原体験では『ワラッテイイトモ、』という現代アートがあったんです。2003年ぐらいかな。『笑っていいとも！』の映像をめちゃくちゃに切り刻んで、だんだんタモリさんが狂っていくように見せかけるというアート作品。ヴェイパーウェイヴ的な世界観ですけど、もう切り刻んで音とかもスクリューさせまくって。『笑っていいとも！』という全日本人が知っているバラエティ番組のど真ん中、どんな時も安心して見られる番組が崩れていくという。現実で確固たるものだと思っていたものが浸食されていく感覚っていうのが、すごく面白かったんです。

逆に言えば「側」がしっかりしている方が、崩れたときにぐにゃりと世界が歪むような感覚があるということですね。『笑っていいとも！』やＮＨＫのニュースのようなものが歪んだとき、今いる現実が本当に現実なのかという急な不安感を生み出す。『このテープ』もまさに、最後まで完全にバラエティのテイストだけど、言っていることが全てどんどんワードサラダになっていく。

崩れていくための「側」が強固なのもテレビの強みかなと思います。何十年も似たようなバラエティをやってる……と言うと角が立ちますけど……ずっと積み上げてきて、毎日放送しているという強み。制作ノウハウやスタイルも含めて確固たるものというのは、ネットにはあまりないですよね。

吉田　YouTubeでちょっとおかしいものが流れていても、まあそういう変わった人たちなんだなとしか思わないですもんね。YouTuberだとヒカキンなど個人がやっているという感じですが、テレビ局の連綿と続いてきたスタイル・フォーマットというものは、どんな優秀なディレクターもある程度は意図しなくてはいけない。だからこそ逆に、それが崩れると怖い。つまり我々はいまだ、テレビに対しての信頼感を非常に持っている。

ヴィレム・フルッサー『テクノコードの誕生』（村上淳一訳　東京大学出版会　1997）は、まだインターネットもない頃、ビデオが出始めた頃のメディア論です。様々なメディアのコミュニケーションがある中で、テレビのようなマスメディアを、全方位に情報を与える円形劇場に喩《たと》えている。

昔のヨーロッパであれば教会という「普遍」があって、「民衆」がそれを受け取って安定していた。しかし現代では全員が「民衆」でもあり「普遍」でもあり、それぞれが独立して存在している。だからテレビのようなものがないと狂う、と言っているんですよね。狂わずにいられるのは、この円形劇場型メディア、この時代は主にテレビが我々を「マス化」して世界の繋がりを保ち、個人としても社会としてもまとめているのだ、と。

そこから50年ほど経ってインターネットが普及し、世界はまた次の段階にいったかと思いきや、今でもまだYouTuberが狂っても衝撃は受けないけれど、テレビ番組が狂うと世界が歪むような恐怖、不条理感、不気味さを覚えてしまう。それは50年経った今でも、テレビの影響力は低くなったとしても、構造的にはフルッサーが分析した時のままだからなのか。

また大森さんの番組については、テレビ東京で放送したことの意味というのもあると思います。

湾岸戦争だとかオウム事件といった社会の異常時に、ずっと日常を流していたのはテレビ東京だというのはよく聞く言説です。非日常にも日常を保つはずのテレビ東京という文脈がある。テレビ東京が災害情報を流したら日本は終わりだというのは、まあギャグにしても。そういった日常を約束してくれる放送局が「信頼できない語り手」となってしまった時の不気味さがあるのではないですかね。

大森　テレ東に限らずですが、やはりテレビはとにかく食べやすいものを出してくれるってイメージが強いと思うので、ちょっとした異物でもすごい異物に感じる面もあるでしょうね。

吉田　いつも柔らかいケーキを出してくれているのに、今日だけ中にちょっとした小石が入っていた。その違和感って他の硬い食べ物で感じる違和感よりはるかに大きいはずです。全然放送事故じゃないことでも、すぐに「放送事故だ！」と言いますからね。制作者目線を身体化し、内在化しちゃっているという側面もあるし、今おっしゃったように、テレビは安全安心で一切事故が起こらないものという認識もある。

大森　友達同士のおしゃべりで、ふと10秒ぐらい間が空くのはごく普通のことですよね。でもテレビで10秒、会話の中で急に黙っている人がいただけで、とんでもなく怖いことに感じるでしょうからね。それはテレビが築いてきた文脈があるゆえに起こる面白さ、怖さでもある。

吉田 今いる私自身の日常、この日本での日常生活が崩れてしまうという危機感を煽《あお》るなら、テレビの中でも地上波でしょうね。で、それはおそらくテレビが「時計」の役割も担っていたからです。

大森 そうですね。それはすごく思います。

吉田 時計というのは、近代以降の社会運営の基盤そのものなので。ラジオの時代からそうですが、やはりテレビの方がより、時計とドッキングして放送されることで民衆の生活の基盤にまで食い込んでいた。まさに『8時だョ!全員集合』ですからね。そこが崩れるのは大変な恐怖でしょう。

いわゆる普通の意味での怪談ではなく、やはりテレビならではというか。そして大森さんも梨さんも、作品ジャンルとしてはファウンド・フッテージですよね。

大森 そうですね。広く括《くく》るとファウンド・フッテージになりますね。テレビ番組でのファウンド・フッテージものって、まだやりようがたくさんありそうで色々試してみたくなっちゃいますね。

吉田 それこそ『デッドストック』も『放送禁止』も、テレビというかテレビ局とは相性がいいですよね。映画だと残されたフィルムを森で拾ってきた、とかになってしまいますから。

大森 ファウンド・フッテージであっても整合性よりエンタメ性を重視してはいるんですが。なんでこの映像が公開されているの?という理由が気になり過ぎると、ちょっと没入できないところはどうしてもあるので。そこはテレビなら普通より整合性を取りやすいなと思っています。

吉田 それはまた、テレビ局というものが一般大衆から見てブラックボックスの巨大機構になっているからでしょうね。カフカの『城』みたいな、中で何をやっているのかわからない。どこからでも見えるし、中心にあるんだけど、その中には辿り着けない。

大森 最終的に出力だけはされていて、ただ、その内部でどういう風に物事が進んでいるかが見えづらい。電波というのは、昔から色んな妄想の対象になりやすいですし。電波で発信されているっていう概念自体もホラーと相性がいいんでしょうね。

吉田 電波を一方的に流してきて、受像機に映ってしまう。しかも時計であり権威であるという性質を、昔ほどではないけれど今もしっかり残しているわけですからね。

2 『近畿地方のある場所について』が明らかにしたヒットの要件

背筋

背筋《せすじ》

『近畿地方のある場所について』作者。

2023年8月に刊行された背筋氏の『近畿地方のある場所について』が15万部超の大ヒットを博した。これは現時点の日本ホラー文化を象徴する出来事ではないだろうか。なぜなら本作は、過去のホラー・コンテンツのアーカイブであるところに大きな特色を持っているからだ。作品内で提示される各場面には、我々がいつかどこかで享受してきたホラー・コンテンツが生々しいかたちで再提出される。

それは美術におけるコラージュ作品のようなものだ。どこから何を採用してくるのか、その中でもどの部分を切り取り、どこに貼り付けていくのか。そしてそれらが集合してどのような物語を浮かび上がらせていくのか。各作家たちのセンスと着眼点、構成の妙によって様々な作品が生まれていく。

今ちょうどコラージュの例を出したように、こうした方法は美術でも音楽でも映画でも、現代コンテンツ全般によく見られる傾向だ。とはいえ音楽におけるヒップホップ的なサンプリング、映画におけるクエンティン・タランティーノ的なオマージュなどと比べると、ホラー文化の場合はその有り様が少し異なる。音楽史や映画史から個別の音源や作品を引用し、再構成するような手つきではないのだ。

　ホラーのアーカイブ性はもっと曖昧で感覚的だ。「前にあったこういうノリのやつで、こういう風なものが出てきたら怖いよね」といったような……。かつてあったような気がする何かを懐かしむ、おぼろげなノスタルジーにも近い。それはけっしてきちんとした意味での〝引用〟ではない。

　それゆえホラー・コンテンツのアーカイブとは、つまり「過去のホラー・コンテンツっぽい何かを集めた、アーカイブっぽいもの」と述べる方が正確だ。本書に引きつければ、民俗ホラーや梨氏の作品群にも当てはめられるだろうか。極論すれば、ホラーの感情とはつまり曖昧なノスタルジーと同質なのだ、とすら言える。

　背筋氏と梨氏、現代日本の民俗ホラー作品に共通して重要なのは、インターネットの怪談、特に2ちゃんねるオカルト板「死ぬ程洒落《しゃれ》にならない怖い話を集めてみない？」を経ているという点だ。そういえば「洒落怖《しゃれこわ》」も、最初はネットに散らばる怖い話のアーカイブとして始まっていたではないか。

　インターネット怪談の黄金期を洗礼として浴びた者たちが、２０２０年代にホラー作品を手掛けていくようになった。「ポスト洒落怖世代」とでも呼びたい彼らの成果の一つが、『近畿地方のある場所について』なのだ。

「あの頃」のホラーへのファンレター

背筋　『近畿地方のある場所について』（以下『近畿』）は、小説に限らず映画やゲームや漫画など、私が触れてきたホラーに対する、ある種ファンレター的な意味合いで書いた部分が大きいですね。自分が好きなホラーを幕の内弁当みたいにして作っていったら、自然とこういう作品になったのかと思っていました。だから吉田さんに、アーカイブ的と評していただいたのはすごく恐縮ではありながら、結構網羅できていたんだなと嬉しいところでもあります。

吉田　もう少し範囲を狭めると、インターネット以降のホラー文化になるかと思います。

背筋　そうですね。特に洒落怖とかオカルト板はすごく好きだったので見ていました。ああいうライブ感とか、あらかじめ完成していないものを皆で作っていく感じっていうのは、今はXなどのSNSになると思うんですけど、祭り状態、熱狂的なホラーのムーブメントって、最近だとなかなか見ないですね。

　SNSで同じような祭りがないのは、志向性で部屋が分けられているからだと思います。フォロワーという形で細分化され、その中での熱量の高いやりとりっていうのはしているんでしょうけど、すごく大きいホラーコミュニティみたいなのは、まだ出てこない。

吉田　構造上、起こり得ないかもしれません。かつての2ちゃんねるなどのネット掲示板やホラーサイトで起こっていたような、同好の士が集まっての集団制作は今後もうないのでは。

背筋　そういうことへの郷愁もあったので、自分のホラー幕の内弁当、自分の思い出ノートみたいな感じで『近畿』を書いたという部分はあるかもしれないです。

吉田　結果的に集団制作っぽくなっていますよね。あらゆる資料のコラージュであり、ファウンド・フッテージのフェイクドキュメンタリーでもある。もちろんそれはメタ視点だと背筋さんが全部一人で書いているんですけど、作品内視点から見れば、色んな人の集団制作ともとれます。

そういうところが、2ちゃんねるであった「ヒサルキ」や「ヤマノケ」にも通じている。山に誘うものであったり、ちょっと頭をおかしくさせるようなものだとか、そういう内容面の具体的なところでも共通していますが、皆で断片的な情報を持ち寄って集団制作している面も似ていますよね。ヤマノケやヒサルキについては、本当に信じているわけじゃなくて、皆わかった上で創作しようねってことで作られているわけですけれども。

おそらく、そうしたネット怪談の集団制作の元祖は「くねくね」でしょうね。もっと後になると「アクロバティックサラサラ」などもありますが。『近畿』は、あの頃のネット怪談の雰囲気や空気感というのを思い起こさせます。

背筋　一定の読者層から、懐かしいという感想を言っていただけることが多くて。それはすごく嬉しいですね。自分と同じ、あの頃の空気感を心に留めている人たちがいるんだという。怖いより懐かしいって言われた方が嬉しいかもしれない。

吉田 確かに、作品内設定としても、出てくるのはちょっと古い資料ですからね。

背筋 そうですね、リアルタイムではない。数年前というのも1、2個ぐらいしか出てこない。昔のインターネットや、元気だった時代の怪奇番組の外連味《けれんみ》のようなものを出したかった。ミリオン出版やコアマガジンの雑誌とか、中野ブロードウェイの古本屋に置かれているようなオカルト本とかですね。ああいったノリを表したいなと思って書いたので。

吉田 それは我々には懐かしいですが、若い世代にとっては新鮮だったりもするのかもしれない。

背筋 20代の方も読んでくださってると聞いたんですが、わかるのかなと思って。どういう視点で楽しんでくれているんだろう。「安価」(返信、レスアンカーのスラング)とか言われたってわからないだろうし、そもそも『TVのチカラ　行方不明者大捜索スペシャル』なんて見たことないんだろうな、と。それは未知のものとして、我々が60年代の音楽を聴くような感じで楽しんでくれているのかなとも思いますけど。

吉田 実体験していないなりのノスタルジーってありますからね。私たちもバブル時代のことを実際には知らないけど、バブルネタみたいなのは結構わかるじゃないですか。独特のノリというか、逆にリアルタイムでそれを知らない人のほうがノレるところがあるのかもしれない。その勘違いは別に悪い意味じゃなくて、デフォルメされた勘違いのほうが面白かったりしますからね。背筋さんは私より下の世代ですが、洒落怖のヒサルキ、ヤマノケとかはリアルタイムで張り付いていたんですか？

背筋　張り付いていたのとそうじゃないのとがあって。後からまとめサイトで追ったものも多いです。リアルタイムの祭り感も楽しいんですけど、まとめサイトだとノイズが除去されて、わかりやすくなっていますしね。そういう意味ではあまりリアルタイムって言わないほうがいいのかな。

吉田　いやいや、洒落怖を享受している人の99パーセントは、リアルタイムではなくまとめサイト経由でしょうから。ただ広い時代性という意味では、数年のタイムラグですよね。

背筋　そうですね。父親のパソコンで見ていました。

吉田　梨さんと同じ感じなんですね。ご両親は心配されなかったんですか。

背筋　うちは実家が寺なので、父親の影響でブッダの説法集だとか、水木しげるだとかがごく身近にあったんです。だから私が常光徹の『学校の怪談』を全巻揃えて本棚に並べていても、特に何か言われることはなかったですね。『近畿』を書くにあたって、『学校の怪談』をちゃんと再現しないと失礼なので、漢字とひらがなのバランスなども含めて、もう一度読んでみたんです。これ子ども向けじゃないよなと思うくらい示唆に富んだ内容もあれば、どこかの民話だろうみたいな話もあるんですよね。子どもだましでないところにすごく驚いて。いかに記憶の中で、『学校の怪談』というものをデフォルメしていたのかなっていいうことを思い知らされましたね。特に教訓めいたものを無理に入れようとしていなかったりとか、どちらかといえばテイストは『新耳袋』に近い。背後で気配を感じて振り向いたらすごく大きな口を開けた男の人が立ってました、終わり、みたいな。それは昔死んだ何々さんの霊でした、とかそういうのもなく終わるあの感じはすごいなと思って。

吉田 常光徹さんはじめ、『学校の怪談』で子どもたちから怪談を集めている人たちは全員研究者ですからね。自分の想像を付け足したらいけないですから。

背筋 だから脚色がない分すごく尾を引く。一方で説話、民話などは裏側にメタファーっぽい何かが絶対あるんだろうなとか、伝えられていくうちに変遷していったんだろうなといった見え方がするものもあるので。私は昔すごいものに触れられていたんだなと思って、とても嬉しい気分になりました。

近畿地方のダムでの奇妙な体験

吉田 ご出身はやはり近畿地方なんですか。

背筋 近畿地方です。『近畿』で出てくるダムのモデルも、大学時代に実際に自分が訪れたところです。

ダムって大体山奥にあるので、台風が来た後の放流がすごいじゃないですか。それを見に行きたいと友達から言われて、昼間に二人でレンタカーを借りて行ったんです。とはいえただのダムですから、10分も見学すれば感動も過ぎ去ってしまうんですよ。辺りをぶらぶらしていたら、階段を上った先に神社があるのを見つけたんです。台風の後だから境内に誰もいなくて、神楽を舞う舞台も落ち葉が積もっているし社務所も荒れているし、あまり手入れされてないんだろうなと感じました。そこで友達が「静かに。なんか変な人がいる」と。見たら、確かに上ってきた階段の、大きな鳥居のところに男の人が立っている。シャツにジーンズ姿の、普通の男の人。

ただ、ずっと鳥居の下で棒立ちなんですよね。今出ていって変に絡まれても嫌だし、こちらは横目で見ながら隠れていた。気づかれませんように、早く去ってくれますように……と思いながら数分経っても、ずっと境内の方を向いたまま直立不動で立っていたかと思うと、その人、急に90度ぐらいの深いお辞儀を、ぺこぺこぺこぺこ繰り返したんです。すごい怖くて、その場でじっと彼のことを見ていたんです。お辞儀をずっとし続けた後、急にぱっと向き直ってすたすた立ち去っていった。もう訳がわからない。帰ろうとなって階段を下りてみたら、そのダムはかなり山奥なので駐車場があるんですけど、私たち以外の車は停まっていなかった。「じゃあ、あの人どうやって来たの?」と……。

あとで神社関係の人にその話をしたら、「それ多分、自殺しに来た人だよ」と言われました。死ぬ前の人って何かに縋《すが》りたいのか、直前に神社やお寺にお参りに来るらしいんですよ。境内に入らず下で立ち止まっていたというのも、そういうことなのかな……と思うと、ちょっと怖いような切ないような感じですけど。

でも、私はそういうバックボーンよりも、あの時のお辞儀の不自然さとか、山奥の鬱蒼《うっそう》とした神社の、その鳥居の下にシャツにジーンズの普通の男が立っている光景の方が気持ち悪かったんです。

吉田　すごく昔っぽいとか、すごく化け物っぽいものの怖さではなくて、本当にちょっとだけ日常とずれているところが怖い。『近畿』でもそのあたりの怖さをにじませています。一昔前の伝奇ホラー的な怖さとは違うんだなと感じました。

背筋　『近畿』は民俗学的とか言われることが多いんですけど、そんな畏れ多いものを書いたなんてこれっぽっちも思っていなくて。さっき言ったようなミスマッチ感だったり、薄皮一枚隔てた所にちょっと違う世界があるみたいな、そういうものを書きたかったというだけで。

さっきの話でいえば、もしその人が自ら命を絶つ前のご挨拶として来ていたのではなく、何かに連れて来られていたら嫌だな……と思って、『近畿』ではそっちの着想に落とし込んだという感じですね。

吉田　やはり民俗学的なホラー、伝奇ホラーというよりは、インターネット的なところにベクトルとしては向いていると思います。とはいえ場所とか土地についての怖い話を書こうとすると、日本で書くとなったら必然的に、昔どういう場所だったかということに触れざるを得ませんからね。

背筋　普通に組み立てていけばそうなるんでしょうけど、それ以外の方法論もあったら面白いなとは思っています。何かのお化けに追われているとなったら、じゃあそのお化けのバックボーンを解き明かしていこう、みたいなところが物語の主軸になりがちです。でも、特に何の由縁《ゆえん》もないお化けでずっと引っ張っていく話も面白いんじゃないかと思うんですよ。

吉田　ネタバレになるからあまり言えませんが、『近畿』もそのズラしがありますね。民俗ホラーなの？　何か山の神様みたいなものなの？と思いきや、実はそうじゃないかもしれない方向性も示されていたり。

背筋　「カクヨム」に発表した版でもそうだし、書籍版ではさらに半回転加えています。

吉田　プラットフォームの話でいえば、『近畿』はまずはカクヨムというサイトに発表するという前提で作っているんですよね。

背筋　そうですね。最初は短編だけ書いて、ホラー好きの友達に自分が書いたことを伏せて読ませてみたら反応が良かった。「続きを書いてみたら？」と勧められたので、もうちょっと褒められたいなと思って、発表できるところを色々探してみたんです。

　その中でカクヨムは、サイトに紐付いている作者近況ノートがあった。「何日に新作の更新上げます」とか、「こういうイベントに参加します」とかを書くようなところなんですけど、そこも作品の一部として、すごく不穏なテキストを散りばめてみようと思ったんですね。他にも物語に連動してXアカウントを作ってみようとか。そうやって作り上げていった感じです。

吉田　応援コメントへの返信で「見つけてくださってありがとうございます」と書いたりしていましたね。この作者ヤバいんじゃないかって思わせるような。

背筋　白石晃士監督の映画『ノロイ』が大好きで、あれもやはり登場人物にまつわるブログがネット上に実際にあったりしました。ゲームの『SIREN《サイレン》』もそうですし、ああいう場外乱闘みたいなことにドキドキワクワクする人間だったので、せっかくなら自分もやってみたいなと。

吉田　フェイクドキュメンタリーの手つきであり、かつインターネット文化の匿名性ということでもありますね。ただそれが書籍になると、良くも悪くも背筋という作家の作品として完結してしまう。カクヨムについては、2ちゃんねるなどの掲示板ほど匿名ではなく、かといって書籍ほどの作家性や作品性を示しているところでもない、中間的なプラットフォームだった。

背筋　そこまで計算していたわけではなく、そもそもあまり小説投稿サイトを知らなかったのですが、角川ホラー文庫が大好きだったので、じゃあ角川のカクヨムに投稿してみようかな、ぐらいの感じでした。それが結果として、コメント欄や近況ノートで紐付けられて、擬似的に昔の2ちゃんみたいな動きができた感じですね。

「怪談」と「小説」のあわい

吉田 やっぱり昔と比べたら、業界的な構造も違ってきますよね。昔だったら日本ホラー小説大賞を取って、ホラー小説家としてデビューするという流れが確固としてあったのでしょうけど。

背筋 知り合いから「『近畿』は日本ホラー小説大賞は取れないだろう、なぜなら小説じゃないから」と言われたことがあります。確かにこれは文芸作品ではなくてエンタメ読み物だなと自分でも思います。

吉田 価値の上下ではなくて、怪談というのは長編小説にはなり得ないんですよ。それはもう構造的に不可能だと思います。長編小説は、プロットという物語構成があり、登場人物のキャラクターがあり、その作品世界が構築されている。別にファンタジーやSFでなく現代の東京のリアルな設定だとしても、プロットと登場人物による独自の作品世界が構築されていないと長編小説にはなり得ない。
　また長編小説と短編小説ではそもそもジャンルが違いますよね。英語でもnovelとstoryというように名称を分けていますし。短編小説と怪談はまだ親和性がありますが、長編小説とは難しい。我々の生きているこの現実世界と地続きの話でないと怪談にはなり得ないからです。ファンタジーやSFの世界設定では怪談にならないのは当然ですよね。同じように、その作家が構築した作品世界で怖いことが起こっても、それはホラー小説ではあるけれど、正確な意味での怪談にはならない。

背筋 それを聞くと、洒落怖から始まった「師匠シリーズ」は、長く続くにつれて怪談から物語に変化していったんだなと思います。

吉田 キャラクター化ですよね。キャラクターがあり、物語世界がありっていうのは、それはそれで素晴らしいコンテンツではあるんだけど、怪談はやっぱりキャラクターや作品世界があると成立しなくなってしまう。ということは、長編小説にはなり得ない。実際、『近畿』も長編小説ではなくて、短い素材の連なり、資料の連なりなわけじゃないですか。

短編である『ぼっけえ、きょうてえ』が、小説と怪談の間のギリギリじゃないですかね。小野不由美の『残穢《ざんえ》』だって短い挿話の連なりですから。とはいえあれは小野さんという作家自身が主人公になっていてプロットもあるので、やはり作家の作品世界になってしまう。小説だからそれでいいんですが、ジャンルとしては怪談ではなくなっていく。

背筋 『残穢』は『近畿』のようにばつばつと切られてはいないけど、小さい怪談が物語に自然になじむ形で連なっている感じですもんね。

吉田 『近畿』は怪談にかなり寄っていて、いい意味で小説っぽくないのだと思います。次作以

背筋　降では明確な意味での小説もお書きになるかもしれないですけど。

実は、次作はばりばり小説ですね。『近畿』は無名だからこそできるリーサルウェポンだと思っていて。最初にそれを出しちゃって、これからも文章を書いて皆さんに読んでいただくことを目指すのであれば、物語というところを追求していきたいなと思っています。

ただ、今吉田さんと話していて気づきましたが、次回作はキャラクターだったりプロットの太さという意味では物語性は強いのですが、その中でもやっぱり怪談が体験談という形で結構差し挟まれている。やっぱりそこには私の怪談好きが反映されているんだろうな。

吉田　もちろん、作品自体が怪談ではないけれど、小説作品の中に怪談を挟む形はあり得ますね。白石晃士監督だって、まだ名前が売れてないから『ノロイ』が出せた。売れちゃったら『ノロイ』のような仕掛けはもうできなくなり、白石ワールドを展開する感じになっているわけですから。

背筋　貴志祐介さんの『黒い家』って、完全に小説で物語なのに、めちゃくちゃ実話怪談っぽいじゃないですか。非常階段を駆け上がるところとか、最終決戦がエレベーターだったり。こういう日常のシチュエーションでこんなことが起こったら嫌だよね、みたいなところをピンポイントで突き刺してくる。だからこそ生々しくて、まるで現実であるかのように感じられる仕上がりになっている。

吉田　実話怪談はリアリティが武器だったりします。このリアルさは小説で読む味わいとはちょっと違うな、というのが受けてる要素の一つだとは思う。今はホラー小説の方に実話怪談のテイストが輸入されるという事態が、もう既に起こっているのかと。それがまた実話怪談に逆輸入されたり、今後もいい形でハイブリッドしていくんだろうなとは思います。

「考察」に耐えうる世界を構築する

吉田　ネット怪談は2000年代が黄金期で、2010年代があまり振るわず、2020年代はどうなるんだろうなとは昔から思っていたんですが、匿名掲示板とはまた別の所から、『近畿』のようなものが成果として現れたのだと思いました。

背筋　こういうお化けが出ました、いわくはこうでした、がセットの怪談と、怖い現象が起こりました、はいおしまい、という怪談のブームが交互に来ているような気がしているんですよね。『新耳袋』や「洒落怖」の時は怖い話がありましたおしまい、みたいな。でもそこから一歩踏み込んで、語られないけれどバックボーンを匂わせる形が進化していって。さらに考察みたいなのが出てきたり。ファッションの流行のように交互に進んでいる印象もあります。

吉田　それこそ『近畿』は考察する人が多いですよね。背筋さん自身が答えを用意しているのか用意していないのかについてはどうですか。

背筋　私は完璧に答えを用意していますね。実話怪談だったらそうでなくていいと思うんですよ。そこにヤマとか落ちとかがなくても、それが実話ですから。しかし創作で、怖い現象がありましたと出して、由縁はわかりませんっていうのは、ストーリーとして成立しない気がしていて。あるけど語らないスタイルなんだとしても、その手がかりは書かないと、ちゃんとした完成品ではないっていう意識が私の中ではあるんですよね。実話怪談は好きですし、怪談を書きたいというのもあるんですけど、やっぱりそういう意味では、創作なら物語として完結していてほしいなと思います。私の場合、全部はアウトプットしなかったですが、答えに辿り着ける要素は書いています。書かなかった部分も裏で整合性を取るということは、すごく理屈っぽくやってましたね。

吉田　なるほど。『近畿』は小説ではなく怪談寄りだと言ってきましたが、作り手のスタンスとしては小説なんですね。作品世界を作者が構築している。

背筋　そうかもしれない。怪談であり、でも全体としては小説であるっていう。

吉田　何層にもなっている。怪談の層があり、また別の層としては作品世界を構築している小説であるという。それは別に上か下かじゃなくて、スタンス、立場の有り様ですね。

背筋　例えば今ここで怖い話を考えましょうってときに、じゃあ「ドアから何が入ってきたら嫌でしょう?」で終わったら、もうそれは怪談大喜利じゃないですか。そうじゃなくて、それはどういうもので、なぜあそこから入ってこないといけなかったのだろうかというバックボーンを、かなりの精度まで突き詰めることで、表現の端々にそこでしか出ない色だったり、奇妙さみたいなものが出ると思うんですよね。

さっきのダムの話は実体験ですけど、普通に怖い話を考えましょうだったら、着物の人でもいいわけじゃないですか。でも普段着で、お辞儀をしていて、理由は一般人が自殺する前に挨拶に来てたからっていうバックボーンがあるからこそ、あのミスマッチ感が生まれるわけですから、そこはやっぱり大事にしたいなとは思ってますね。

吉田　背筋さんには、長編小説の書き手としての世界観、価値観、スタンスが根っこにあるんですね。『近畿』はフェイクドキュメンタリーで怪談テイストの建て付けだから、一見、我々の生きているこの日本と地続きの世界を提示しているように感じる。でも実は『カラマーゾフの兄弟』の家畜追込町のような、きちんと作品内において構築された別世界になっているわけだ。

背筋　だから出てくる人たち全員の結末も一応あるんですよ。その結末が明かされることはないですが。それがあることで語り方にも変化があるわけですから、そういうものはちゃんと突き詰めておきたい。

吉田　それはもうすこぶる長編小説の考え方で、良くも悪くも実話怪談とは真っ向から対立します。

背筋　お話ししていくうちに自分の深層意識にどんどん潜っていく感じで、勉強になりますね（笑）。

吉田　私も今、なるほどって気づきました。でもそれで『近畿』の面白さがより深く理解できたというか、あまり言語化できていなかったところが得心したというか。

背筋　廃墟の写真を見ると、お化けとかの変な落書きがありますよね。でも私は、生活感を匂わせる何でもないもの、例えば廃病院だとカルテが散らばっていた方が怖いんです。いくら壁におどろおどろしい絵が描いてあっても、それはもう怖いものを作ろうとしてやっただけじゃないですか。カルテには明らかに現実の蓄積があって、しかもそれをそのままにした状態で去らないといけない、のっぴきならない理由があって……みたいなところが推察される。多分、現実ってそうだと思うんですよ。廃墟を作ろうと思って廃墟ができるわけじゃなくて、成り行きでなるわけだから。それと同じですね。怖いものを作ろうというより、その経緯を描きたい。

吉田　そこだけ切り取ると、事実を積み重ねていくというかなり実話怪談的な手法なんですけど、それを背筋さんが自分でゼロから構築するっていうのが小説的ですね。『近畿』は実話怪談的な面白さがあるけれど、どこか本質的に違うなと思っていました。根っこの世界観、立場が異なるからなんですね。かつ、だから売れているんじゃないのかな。実話怪談ってそこまで売れないですからね。

実話怪談的なメソッドとか魅力とか、良い部分をまるっと文芸的な枠組みにうまく入れられた作品だと思うので、実話怪談っていうルールの中でやっていこうという人たちから

するよね。と脅威に感じるかもしれない。ただ、次作はそっちの方向には進んでいかないんです

背筋 進まないですね。実話怪談の方々って、すごく専門技能がある、職人みたいなものだと私の中では位置付けていて。『近畿』はいわば真似っこですから。

吉田 いや、そもそもフェイクドキュメンタリーというのはそういうものですからね。資料も文体も模倣するものだから。

背筋 そればっかりやっていても、どうせ本家には敵わないんだからというのはありますし。ただ、そもそも実話怪談って創作ホラーと競合しているんですかね。

吉田 今のところ、ごった煮で何でもありなのが実話怪談ですからね。屁理屈こねてああだこうだ考えているのは私くらいなもので、正直みんなもっと何も考えずに楽しんでいて、でもそれでいいと思います。それがジャンルとしての幸福な時代ですから。いつか終わると思いますけど、今のこの実話怪談のベルエポックを大切に過ごせばいいんです。ただ『近畿』みたいな外圧が来ると、だんだん楽園で遊んでばかりはいられなくなるかも（笑）。

背筋 こちらはフィクションだから、実話怪談とは根っこが違いますけどね。

吉田 それでも『近畿』の読者の中には、これをフィクションだと思っていない人も結構いると思いますから。

背筋 かなりいます。それはものすごく驚きで。

「読んだ後で手元に置いておきたくない」と言われたり……それだけパワーを感じてくれているると受け取れば嬉しいんですけど、ホラーというジャンルをファンタジーと同列に捉えている私からすると驚きました。どちらかというと構造などのほうを面白がってほしかったんですが、プロレスじゃなくてマジで殴り合っていると思われた方も多いみたいです。「もしかしたら本当なのかも……」という一抹の不安もホラーの楽しみ方の一つではあると思いますが。

吉田　ホラーの持つ抜き難い特徴です。フェイクではなくて現実だと思わせてしまう。ホラーでなければ、全く同じフェイクドキュメンタリー形式で作品を発表したとしても、その誤解の比率は下がったと思います。ホラーっていうものは、そうなんですよ。

背筋　私自身も、プロレスって言いながら相反すること、最後に読者自身に語りかけるようなことをしている。プロレスだと思ったでしょうが、ガチの殴り合いだったんですよ、という言い方もしている。ただ、そこすらもプロレス技の一つだろう、と捉えてもらうはずだったんですが。ホラー好きであればあるほど「洒落怖のあのノリのオマージュか」と面白がってくれるけど、あまりホラーを読んだことがない人からすると、本当にヤバい奴だと思われているのかな……。色んな方が読んでくださっているがゆえの反応でしょうし、本当だと思ってくださるというのは賞賛なので、ありがたいんですけどね。

吉田　背筋さんはXで作品と連動させていたのとは別のアカウントを作り、『近畿』はフィクションであることを公言していますが、「そう言わざるを得ない事情があるだけで、実はフィクションじゃないんでしょ」と思われているかもしれない。ホラーというものは、隠すべきもの、秘密にしなきゃいけないものを扱っているという前提があるので。どうしても「本当って言ってるけど嘘なんでしょ、嘘って言ってるけど本当なんでしょ」という虚実の転調が、根本的につきまといますね。

背筋　だから私は、こうしてインタビューをお受けすることで、神秘性が損なわれることを全くマイナスと捉えていなくて。だってフィクションだから、と思っているんですけどね。

吉田　どちらかといえば、もっとフィクションとして認識してもらったほうが嬉しいですか？

背筋　どうなんでしょう、難しいですよね。自分でこんなこと言っておきながらですが、わざわざフィクションですよって喧伝《けんでん》すると、怖くなくなっちゃう部分もあるかもしれないし、身動きは取りづらいですね。

吉田　あらゆるコンテンツがそうですけど、特にホラー作品は最初から作家の手を離れて一人歩きしているようなものなので。スティーヴン・キングだって本当にあったことを書いていると思う人もいるぐらいですから（笑）。

『近畿』はどこへ向かうのか

吉田 『近畿』はコミカライズもされていますよね。メディアミックス展開の速さも含めて、この作品が起こしている現象が、非常に今っぽい。

背筋 多分、その印象は、ほぼほぼ私の担当編集の力だと思うんです。ライトノベルの編集者なので、作品の特性を生かした現代的なプロモーションを色々としてくださいました。

昔ながらの新聞広告の三段下や電車の中吊り広告とかではなく、YouTubeのショート動画を作りましょうとか、コンコースに大きい広告を出しましょうとか。内容も、いわゆる書籍の紹介じゃなくて、何なのかわからない、とりあえず不穏でそのまま出すと気持ち悪過ぎるから、あえてそれで出してみましょうよ、みたいな柔軟なアイデアを提案される方です。

帯についても多分普通の文脈で作ると「カクヨムで何万PV突破!」っていう煽りを入れたりだとか、誰々先生に帯文を寄せてもらうとかだと思うんですけど。「見つけてくださってありがとうございます。」の一文にしましょうって言ったのも担当さんなんですよね。すごい度胸じゃないですか(笑)。

吉田 そこに変な冠を付けないところにすごく作品愛を感じる。同時に、いわゆる広告的宣伝的な文脈に、もう一般人もやすやすとは引っかからないってこともわかっているんだろうなと思いますね。

背筋 編集者であると同時に、多分、プロデューサーに近い感じの人で。作品作りだけではなくて、それを広める手法にも精通している。だからこそ、反響が大きいんだろうなっていうのはすごく思いますね。

吉田 『近畿』自体が、これで閉鎖的に完結しているものではなく、「ある現象が長年にわたって続いていることを反映した資料をいくつか見つけました、調べてる人がいます」っていう設定ですから。ということは、作品外でのメタ的な広告展開もやりやすいですよね。内容とマーケティングが、ある意味一致してるというか。『黒い家』はすごくリアルだけど、既にあの作品として完結しており、作品内で語られていない何かがあるというわけではない。『近畿』の方は、小説とは違う展開の可能性がありますね。

背筋 まだ正式にはお伝えできる段階にないのですが、KADOKAWAとは『近畿』の今後の展開についての色々な相談をさせていただいています。私としては「それ、本当にできるんですか」と耳を疑うような話もたくさんありますが、コミカライズという嘘のような話が実現したので、あながち夢物語ではないのかなと思っています。どのような展開になったとしても、作品を読んでくださった方々の期待に応えられるようなものを発表できればいいなと考えていますね。

3

文字の怪談、声の怪談

黒史郎

黒《くろ》史《し》郎《ろう》

ホラー作家。1974年生まれ。神奈川県出身。2007年のデビュー以降、小説、実話怪談、ノベライズ等を幅広く発表している。民話、妖怪についても造詣が深い。

「実話怪談」とは、1990年代からジャンル概念が確立してきた文化運動である。

不思議な体験をした体験者の体験談を取材し、事実を曲げない範囲でその話を再構成した後、文章か口頭で読者か観客に向かって発表する、というのが一連の流れだ。広義の「怪談」の中でも、体験者の実在および体験談を取材したことを明確に担保しており、想像力によって創作されたホラー作品や、体験者不在の噂話とは決定的に異なる。私・吉田もまた実話怪談を活動の中心としているプレイヤーであるのだが、その歴史をおおよそ15年ごとのスパンで分けている。

まず第1期は90年代から2000年代半ばまで。『新耳袋』『「超」怖い話』という両書籍シリーズが実話怪談を形成し、怪談マニアたちに認知されていく時期である。これはまた都市伝説およびそのサブジャンル「学校の怪談」が大きな注目を浴びた時期でもあった。都市伝説においても怖い話は重要な位置を占めるが、体験者が不在だという面が実話怪談と大きく異なる。むしろ個人の体験談ではないこと、不特定多数の噂話であることこそが都市伝説の核心部であり、社会に広く流布する影響力の源なのだ。都市伝説が広く認知された90年代に実話怪談が誕生していったのは偶然ではないだろう。同じく怖い話を扱いながら、都市伝説とは決定的にスタンスが異なる、体験者が実在する話だとの立場表明が「実話怪談」だったのだ。

第2期の2000年代半ばから2020年までは、『新耳袋』『「超」怖い話』に影響された一般人たちが実話怪談プレイヤーとして活動していった時期だ。若手たちが次々に著書を刊行したりライブイベントを催すことで、実話怪談が文化としても商業活動としても一定の地位を占め始めた。そして2020年以降、インターネット動画配信の整備とともにプレイヤーの数が激増し、「怪談ブーム」とも称される現在が第3期である。これが実話怪談のおおまかな歴史だ。

まさに今述べたように、実話怪談の発表形態は書籍や雑誌などにテクストを書く「文字の怪談」、ライブイベントや舞台から口頭で語る「声の怪談」の二種類に分けられる。ネットのアーカイブや動画配信などはその中間にあたるだろう。しかし実話怪談はまだ若いジャンルであるため、文字と声による形態の違いは、これまで一切論じられてこなかった。

そこで今回は作家の黒史郎氏とともに、文字の怪談と声の怪談の違いについて、様々な角度から対談してみることにした。黒氏は創作ホラー小説と実話怪談書籍の双方を執筆し、資料収集と分析も熱心に行う、書くことのプロフェッショナルである。議論を明確にするため、今回は黒氏を「文字の怪談」、吉田を「声の怪談」とに立場を分けた。ただ両者とも逆の立場で実話怪談を発表することもまた往々にしてあることは、最初に言い添えておきたい。

「書く」から始まった実話怪談

吉田 実話怪談の歴史でいえば、私と黒史郎さんは第2期の始め、２０００年代半ばから業界に参戦した世代ですね。

黒 そうですね。実話怪談じゃなくて怪談文芸の方でデビューしましたけど、結局その後すぐ実話怪談の方にも入っているので。

吉田 『新耳袋』『「超」怖い話』という第一世代の影響を受けて、我々も実話怪談プレイヤーになっていった。私が怪談イベントをやり始めたのは２００６年から、黒さんの作家デビューもそのあたり。お互い、怪談を書くこともあれば、イベントやテレビなどでしゃべることもあった。

当時は、文字の怪談と声の怪談とに違いはないだろうと簡単に考えていた。おそらくほぼ全ての人がそうだったでしょう。ただそこから20年近く経って、最初はほんの少しのベクトルの差だったものが、今となってはだいぶ違いが広がった。初めはどちらもボールを扱うのだから一緒だろうと思っていた遊びが、ジャンルとして確立していくうち、サッカーと野球という全然違うスポーツになったというか。「文字の怪談と声の怪談というのは、ジャンルそのものが違うんじゃないか」という意識から、今回のテーマを設定しました。

黒　確かに最初は、全然そういった意識はしていなかったですね。僕は書く方から始めて、たまたま何かのイベントに出て、怪談を語らなければいけないっていうときには怪談を語っていましたが。別に「しゃべる用の怪談」ということも考えず、ふだん書いている怪談と同じ感じのものを持っていっただけですね。だから、全く意識はしていなかった。

吉田　例えば『むじな』という怪談は文字で書いても『むじな』という怪談だし、イベントでしゃべっても『むじな』という怪談である。『むじな』という同じ話であることは別に間違いではない。このように同じ話で両方できてしまうから混同するし、別に混同することが不自然ではない。ただ書く方としゃべる方、双方で頑張ってきた人たちが実話怪談文化を脈々と積み重ねていった結果、どうもだいぶ違う方向に来てしまった。

現代の実話怪談は「書く」からスタートした。『新耳袋』『「超」怖い話』という書籍から始まりました。『新耳袋』が非常に衝撃を与えた理由は、しゃべりの文体だったからなんですよ。あれは木原さんや中山さんが語っている、話している、しゃべっているかのような文章である。口語体ということではないですよ。口語体ではないけど、まるで書き手が自分の目の前でしゃべってくれているかのような文体で書いた。実際、木原さん、中山さんはそれぞれの怪談を書く前に相手にしゃべり、それから書くというスタイルをとっていましたので、意識的にしゃべりを重要視していたはずです。だから実話怪談というものは当初から、しゃべりをいかにテクスト化するか、声と文字の相克をそもそも孕んでいたのでしょう。

その前にも稲川淳二さんが大量に怪談本を出していますけど、あれは完全に、しゃべったものをテープ起こししたみたいな文章ですからね。怪談とはしゃべるものなのだという常識が当時はあったのだと思います。

黒 ちなみに言っておくと、口演には「語る」「話す」「しゃべる」がありますが、私は怪談については「しゃべる」という言葉を使うようにしています。伝統芸能のようなきちんとした話芸の型があるものが「語る」で、落語はもう少しラフになっているので「話す」「噺」「咄」をわざと使いますよね。怪談はさらに型がなくなり、日常会話の延長としてあるジャンルなので「しゃべる」、というように区別しています。

もちろん実話怪談プレイヤーの中にもある程度、型を持っている人たちはいます。城谷《しろたに》歩《わたる》さんは落語や弁士の活弁のような型を取り入れていますし、怪談社の上間《かみま》さんも弁士あるいは朗読の型を使っているかと。

吉田 朗読っていうのは話す・語るでいえば、どの辺りの型になるんですかね。

近代演劇や近代小説からの型ですかね。日本の伝統芸能ではなく、ルーツとしては西洋近代演劇の型。こうした型を持つ口演を全てひっくるめて、私は「シアトリカル」と呼んでいます。劇空間を意識した、文化的に蓄積された型を持つ口演、ということです。

そういったプレイヤーもいるので一概に言えませんが、ただやはり声の怪談というものは「カジュアル」なしゃべり、日常会話の延長線上にあるものだと思っています。それは他の演芸に比べてダメな点かもしれないけど、逆に強みでもあります。実話怪談も他の伝統芸能のような話芸の型を作った方がいいとは、私は思っていません。

一方、文字の方の実話怪談シーンは、これまで東雅夫さんが引っ張ってくれていた。ただ最近では、参加者は声の怪談の方にスライドしていっているかもしれません。

最近の若手プレイヤーはネット配信でしゃべることが主体です。彼らが大勢出てきた2020年以降と、その前の怪談文芸というものを念頭に置いた実話怪談・怪談実話とではシーンがかなり異なる。動画配信は声と文字の中間だと私は捉えていますが、それは後で話します。ともかくまずは動画配信も声の怪談として捉えると、声の怪談でデビューする人が大勢いて、人気が出てきたら、出版社の依頼で文字の怪談を書くという流れができています。

だから文字の実話怪談も現在は、あまり文芸ではない方に移行している。ジャンル最大のレーベルである竹書房の怪談文庫は私から見ると正直、文芸を目指しているわけではない。「文体とはなんぞや」についてはあまり意識されず、実話怪談というフォーマットの中で「ネタで勝負する！」みたいなところがあります。文芸というのは、どうしても文体が一番大事じゃないですか。自分の文体を作るのが最重要事項だと思うんですけど、竹書房の怪談文庫にその葛藤は一切ない。それぞれの作家自身はともかく、少なくとも竹書房側はそれを求めてはいない。

黒 そうですね。僕としては竹書房怪談文庫には、昔読んだ子ども向けの怖い本に入ってる怪談の、あのちょうどいい温度を感じます。しゃべりみたいなところもあるし、文芸という感じでもない。ケイブンシャの大百科や二見書房のサラ・ブックスなどの本に載っていた怪談のような印象がありますね。

吉田 黒さんは、書く怪談というものを追求している側だと思うんです。

黒 いや、試行錯誤してるだけですよ。ただ、「書くことで表現できることは何か」は意識してますね。語りのテクニックはたくさんあると思いますが、それとはまた違う、怪談を文字で見せるということについて、細かいことですが気を使っています。

例えば子どものお化けが出てきて「助けて」って言ったら、ひらがなに開いて「たすけて」にしたり。感情の読めないよくわからないモノの声ならカタカナにしたり。あと沈黙や静寂のような間を表現するのに空白を入れるとか。強調したい描写ほど、短文にしたりとか。ぱっと開いたときに目に入る字面もちょっと気を使っています。文字並びや改行する箇所とかも。ただ文飾は極力控えます。もちろん言葉選びも大切ですが、僕自身は実話怪談にあまり文芸的なものは求めてなくて。そういう風に書いても、自分の表現が鼻について結局直してしまいますね。

吉田　2000年代から2010年代にかけて、怪談文芸というものをみんなが目指していた時期もあったじゃないですか。今から振り返ると、あそこにはちょっと違和感を覚えますか？

黒　いや、特に感じてはいません。『てのひら怪談』などは、文芸寄りの人も含めて様々なタイプの書き手が出てきましたし、それが良かった。本当に色んなことを試せる場所だったんです。怪談を書いたことがなかった自分も模索しながらやっていました。自分の怪談のスタイルやリズムを800字の中で作らなきゃいけないという思いで参加していた。

吉田　2010年代までの怪談業界は、完全に文字の怪談の方が主流でした。コンテストで書き手が募集され、そこがデビューの場だった。竹書房の「超-1」や、オンライン書店ビーケーワンの「ビーケーワン怪談大賞」「てのひら怪談大賞」ですね。後者の方の音頭をとっていた東雅夫さんは、黒さんがデビューしたメディアファクトリー「『幽』文学賞」も担当し、2009年からは「怪談実話コンテスト」も始めていました。
　つまり当時は「怪談文芸」という側面が強くて、そこにプラスして「実話怪談」――東雅夫さんの呼称では「怪談実話」――というジャンルも意識しておくか、といった流れだった。書き手ではない、声の怪談の人向けの賞レースなんて一切ない。2000年代半ばから2010年までの間というのは「文字の怪談」しかデビューの場はなかったんです。

黒　文芸の賞全体でも「怪談」と名の付くものは、それまでなかったんですかね。僕も「珍しい文学賞がありますよ」って言われて「『幽』文学賞」に出したんですよね。

吉田　なかったでしょうね。東さんの雑誌『幻想文学』の「幻想文学新人賞」は85年と86年にありましたけど。もしくは角川の「日本ホラー小説大賞」になってしまうか。

黒　当時、僕の周りにはホラーを書きたい人が多くて、日本ホラー小説大賞にはみんな出してましたけど。それが「怪談」の賞ってなったら、怪談を書くとはどういうことなのか、みんなわからなかった。僕自身も周りの人たちも「怪談を書く？　そんなの書けるものなの？」という反応で。しかも長編部門まである。怪談を長い文章で書く、本一冊分書くということが、どういうことなのか全然、想像がつかなかったですね。

吉田　まあ現在でも、怪談の長編っていうのはほぼ無理なんじゃないかな。できるとしたら、いくつかの短い挿話の連なりとして書くくらいですか。同じ状況で怪異体験が重なっていって……という。ただそれは正直、長編小説のプロットとは違いますよね。長編小説のプロットという狭義の意味での構造を、怪談に当てはめるのは無理かと思います。

黒　実話怪談って、聞いた体験談を文字に起こすじゃないですか。話してくれる人は語りのプロではないですから、構成された怪談として語られるわけじゃない。それを読めるものとして構成しなければいけない。始まりがあって終わりがある「読める話」になるように書かなければいけない。そういうところは意識しますけどね。

声の怪談については、僕は初めて吉田さんの怪談を聞いたとき、めちゃくちゃ声と顔が怖い人だっていう印象があったんですよ。隣で聞いていたお客さんが、「気持ち悪い」って呟いてました（笑）。ああこれだよ、と思ったんですね。文章だと表現によって想像させるしかないんですが、語りの怪談なら想像させせなくても「気持ち悪い」と言わせられる。そこは吉田さん、すごかったな（笑）。

「声」を取材する

吉田　私個人としては、もちろん書く方も頑張ってますけど、本分としては声の怪談がメインだと思っている。怪談業界では黒さんや黒木あるじさんは書く方を追求している側。しゃべりも上手いんですけど、文字の怪談を追求しているタイプだと思う。

　あるいは高田公太さんも文字の怪談でやろうと思っている人でしょう。高田さんと私は、煙鳥さんという古参プレイヤーの集めた怪談を再話する『煙鳥怪奇録』という本を4冊出しました。煙鳥さんが取材して発表してきた多数の怪談を、私と高田さんが煙鳥さんに再取材して書きなおす。体験者ではなく、取材者に再取材するという実話怪談としてはイレギュラーなパターンの本です。

　その際、高田さんは全て、煙鳥さんが書いたテクストをもらってそれを書きなおしている。逆に私は煙鳥さんとインターネット通話を繋いで、しゃべってもらうことで取材している。

黒　そこで違いが出るんですね。

吉田　私は「怪談をテクストでもらってどうすんだよ、しゃべってもらわないと」と思っているんですけど、高田さんは文字の怪談の人だから逆に「怪談をテクストでもらわないでどうすんだよ」と思っているんじゃないかな。だから取材からして、声派と文字派との立場で変わってくる。目指す方向性そのものが最初から違うんじゃないかという気がします。
　私の立場から言わせてもらうと、実話怪談というのは、誰かが体験したことを誰かに話して、その話された人がまた誰かに話すというコミュニケーションの運動体なんです。怪談全体や都市伝説にもその側面はありますが、特に実話怪談はこうしたコミュニケーションのルートをきちんと意識したジャンルだと思います。まず体験者はいなきゃダメ、そこはゼロから創作したり嘘をついたらダメです。とにかくAさんという体験者がBさんに自分の体験談を話しました、BさんがそれをCさんに話して、Cさんが動画配信や怪談イベントでしゃべるか、書籍にテクストとして書く。この運動そのものが実話怪談である。となるとやはり取材段階で、怪談を中継するのにテクストでもらうのはどうなんだろう……って気はするんですよね。

黒　どちらの立場もわかるというか。DMで体験談を送ってくださる方もいらっしゃいますが、そこにも色んな書き方があって、すでに怪談として完成された文章を送ってくださる方もいる。そうではなく、情報だけを、ずらりと箇条書きにして送ってくださる方もいる。どちらもありがたいのですが、書く時は後者のほうが楽しいですね。

吉田　情報の箇条書きとなるともう、しゃべり・口語・口承に近いんじゃないかと思うんですよね。DM、メッセージ、ショートメールの羅列されたとりとめもない情報が、短文の連なりでぽんぽん来る。こちらも短いメッセージで「それ、どういうことですか」と返して、また相手が「これはこうです」とリアルタイムでやりとりしていく。形態はテクストですけど、有り様としたら口承に近いのではと思うんですよ、そういう意味ではね。

黒　その取材のやりとりのテクストもまた、完成品ではなくてメモと同じようなものができますよね。ばらばらにもらった情報を、後でどう組み合わせるかと考えていくことになる。

吉田　『煙鳥怪奇録』の高田さんの場合は完成されたテクストをもらうんです。後でちゃんとフォローしますが、今あえて高田さんや、ついでに黒さん、黒木あるじさんを攻撃させてもらいます（笑）。最近の文字の怪談において、確かにこの方向に行き着くよなというのが、黒さん『川崎怪談』『横浜怪談』や黒木さん『山形怪談』のように、昔からある文献資料という完成されたテクストから再話＝再テクスト化するというやり方ですね。

　正直言うと「これ、ありなの？」って最初は感じました。怪談なのに、テクストの再テクスト化でいいんですか？　テクストというのは、もう固定されてしまったものじゃないですか。

黒　ご当地怪談というものを僕は今回初めて書いたんですが。著者が聞いた体験者の話より、地史や郷土史や民話など、何かしらの資料などでも確認ができる怪談を、自分は読みたい、書きたいと思ったんです。

でも、『○○市の民話集』とかに載っている話をそのまま入れちゃうのもどうかなと。だったら、資料で見つけた話を基に、自分でもっと調べてみよう。もしかしたらこの話が語られている地域の周辺を調べたら、何か繋がる話が出てくるかもしれない。そういう感じに書けたらいいなと思いまして。

僕は妖怪の話が好きなので、そういう土地の伝承を知りたいんです。ここで小豆《あずき》を洗っていたばばあがいたんだよ、とか。どこそこにお化けの出る竹やぶがあったという話を見つけてそこへ行ってみたら、その竹やぶがまだあったり、何もなくなっていたり。そういったことを怪談本でやりたかった。民話集の話をそのまま書くのではなく、関連しそうな話を探すため昔の新聞記事を漁ったり、地図で場所を特定したり、地名からいろいろ考察したり、自分なりにもう一回調べ直した上で、川崎や横浜の怪談をまとめた本を作りたいと思ったんです。妖怪辞典などもまさにそうですね。同じ小豆洗いについても、色んな地域の話を集めたりしてテクストを再構成していく。

吉田　ご当地の、ある共同体である程度は歴史的に伝承されてきたものでないと、妖怪研究の対象にはならないじゃないですか。Aさんがちょこっと変なのに出くわしたという、個人的な一回性の体験では妖怪として扱うわけにはいかない。

黒 あるいは「そこに住んでいる人がこういう体験をしたよ」ということを、地誌を作っている編纂《へんさん》委員会などが収集して、なんらかの資料に載っていれば、僕たちはある程度は許容してしまうんですけどね。

吉田 そうなんですよ。研究者がテクスト化したものだったら個人の体験でも取り扱うんです。一方、私みたいな人間がAさんに直接取材した個人の体験談を、そのまま研究材料として扱うことは無理でしょう。実話怪談は本来、Aさんに取材して聞いたAさんの個人的な一回性の体験をしゃべりなおす、テクスト化しなおすものです。つまり妖怪研究の手つきと実話怪談の手つきとでは、真っ向から対立してしまう面があるんですね。

ご当地怪談というジャンルでは、体験者AさんやBさんの個人性というものは切り離されてしまう方向になる。個人ではなく、その土地の共同体でどんな話が語り継がれたのか、に着目した方がご当地怪談として適していますからね。それこそ民俗学のフィールドワークや妖怪研究に近くなるんじゃないか。と思っていたら案の定、『横浜怪談』『川崎怪談』が出てきた。ご当地怪談というものを突き詰めれば、やはり元々ある資料の再テクスト化という方向に進んでいく。

ただ、こと実話怪談については、テクストの向こうに、ちゃんと体験者の体験が実在するという大前提があればこそ、再テクスト化できるわけじゃないですか。小説のようにそのテクストで完全に自立・自閉したものではない。黒さんが読んだ『○○市の民話集』に書いてあった3行の怪談も、その3行のテクストだけで完結しているわけではない。実体験者がいて体験談があることがテクストの向こう側に透かし見えているから、再テクスト化ができるわけですよね。

黒

そうですね。たまに「これはどうかな」っていう話もあるけど、とにかく何かしらの記録さえあれば、それが手掛かりになる。「この地にこんな松の木があった」くらいの一文だけでも、そこからかなり調査の幅を広げられるんですよ。情報が少ないものはできるだけ他からも集めて充実させたいので、『横浜怪談』を書くために僕、20万円ぐらい資料を買いました（笑）。

　掘っていけば出てくるんです。「○○石という石があって、こういう不思議なことがあった」とだけ書かれた資料がある。その石は現在もあるのか、もうないのか、その後も何か不思議なことが起きていたのか、そういう情報は書かれていない。でも、そこで終わりにしちゃったら、自分が改めて本に書く意味があまりない。だから得た情報を基に、どこまで辿れるのか、まずは追いかけてみる。いろんな場所を掘ってみる。すると意外な資料に同じ石の記録、写真、絵が見つかったりする。それを見つけた瞬間は、すごく嬉しいし気持ちいいです。ただ、そんなに苦労しても2、3ページにしかならないんですけどね。200ページ以上書かないといけないのに。その繰り返しです。

参照するテクストは、一つの資料からだけではどうしても頼りない。なるべくたくさんの資料を集めて、がっちり固めたい。他の資料だとまた違うニュアンスで書かれていたり、違う内容になっていて最初に得た情報を覆《くつがえ》されたりもする。「この怪談、怖くて話に盛り上がりもあるし関連資料もたくさんあるから良い感じにまとめられそうだな」って思っていたら、ある資料が見つかったために書けなくなったり、書きづらくなったり、なんてこともあります。その怪談にまつわる事件・事故の背景、実情、被害者の名前まで出てきたりして。「あ、これは書けないかも」と。その部分だけ伏せたりぼかしたりしてもわかってしまいそうな内容だったら、その話ははずしたりします。

過去に大きく話題となった怪談を扱うのも気をつけたいですね。そのまま書いたら、今の時代ちょっとまずいものもありますから。とにかく、他のテクストもしっかり調べておきたい。テクスト化されているからといって、その資料だけが絶対ではないので。色んな方面から可能な限り関連テクストを集めていきたいです。

吉田 周辺を補強する、あるいは対立する資料もテクストですよね。色んなテクストを集合させて、黒史郎テクストとしてアウトプットする。でも、その黒史郎テクストもテクストじゃないですか。

黒 そう、テクストの集合体。テクストを集めて、自分の文体にし、自分の書きたいところをメインに置いて書く、そういったことをした収集物としてのテクスト。

吉田　やっぱり文字の文化ってことですね。とある事象についてのテクストを受け継ぐ、今まであった過去のテクストの成果を積み重ねる。積み重ねるという意味の中には改変や解体も含まれるんですけど。とにかく過去のテクストを積み重ねることによって、自分の新たなテクストを生むという方法を取っている。

黒　ご当地怪談に限ってはですけどね、今のところ。

「文字」を取材する

吉田　『川崎怪談』『横浜怪談』、黒木あるじさんの『山形怪談』は、その方向性を打ち出した怪談集ですよね。私の『新宿怪談』『中央線怪談』の場合はテクスト参照ではなく、ひたすら現代の新宿や中央線沿線に住んでいる人たちの体験談を取材するスタンスです。どんなに昔でも、せいぜい体験者の子ども時代か、家族の若い頃の話まで。テクスト資料も出しますが、それはあくまで実体験談の補足扱いです。一方、黒さんや黒木さんのようなテクストの集合体として新テクスト化するという活動が目指す方向はどういうところなのか。

黒　僕自身の持つ「ご当地怪談はこうだったらいいな」というイメージがあって。他の人の書いたものがどうだったからというわけではなく、自分が読むならこういう本が読みたいなという形を目指しました。読んだ人が興味を持って辿っていけば、その話が書かれた資料を図書館などで見つけることができ、地図を見ながらその場所へ行ってみることもできる。

実話怪談は「本当に実話？」って疑われることはずっとあって、「創作」と思われることもあります。だからご当地怪談は、読んだ人が自分で確かめることができる、自分でも調べたくなるような本を書きたかったんです。「そこに何があったんだろう」「どう語られていたんだろう」ということを自分の足や目で確かめることは、僕も妖怪研究をやっててすごく面白かった点なんで。ご当地怪談も、その方向でいこうと『川崎怪談』『横浜怪談』を書きました。

吉田 実際に参照したテクストを辿れる、様々なテクストのネットワークから抽出されたのがこれらの怪談です！という面白さを出したいということですかね。

黒 そうですね。怪談を集めていたら、この話とこの話が繋がるみたいなこと、あるじゃないですか。で、この話とこの話が繋がるとしたら、また別の話についても別の答えが出てこないか？っていうことがたまにあって。今まではこういう怪談だと思われていた記録が、別の繋がりが見つかったとしたら、別の見方もできるんじゃない？みたいな感じで考察できる。テクストを辿った結果、今まで定説とされていた怪談の内容が、また違った読み方になる。

吉田 それは話者・体験者Aさんの話、つまり個人の体験談というものから離れて、さらに客観的になったものを書きたいということではないでしょうか。

黒 まあ、そうです。意識はしていなかったけど、そうなってきますよね。もちろん体験談こそが大事で、いちばん重要な情報がいっぱい入っているんですが、この人の周りにも体験者がいるかもしれないとか、この土地で他にもそういう話があるかもしれないとか。

例えばAさんが○○という場所で幽霊を見たという体験があったとして、その○○が心霊スポットだったとか、そこで自殺した人がいた、みたいな話になる。でも調べてみたら、この○○という土地には他にもまだ何かあるかもしれない。その土地では昔からこういうことが伝わっているとか、こういう事件があったっていうことが他にも出てくるかもしれない。「それとAさんの話は関係があります」と僕らが断言しちゃったらダメなんですけど、関係してるかどうかはともかく、その情報も話の中に入れることで、何か見えてくるものもあるのではないか。そういう思いで書いていたりもします。

吉田 ただ、次の二つのケースは決定的に違うものになりますよね。一つは、体験者Aさんに直接取材して、Aさんの体験談の枠の中で補助的にその情報を出すケース。

もう一つは体験者Aさんへの取材ではなく、とあるテクストAを参照していて、その補助としてテクストBがあり、あるいは反論としてテクストCがあり……というテクストの網の目を取材しているケース。もちろんテクストAの向こうには体験者で話者であるAさん、テクストBはBさんが話しているのだけども、ともかく本人ではなくテクストに取材する。テクストの網の目、テクストの集合体として怪談を書く方法というのは、体験者に直接取材した怪談を書くこととは決定的・根本的に違うと思うんですね。テクストの集合体としての怪談というのは、きちんと固まった情報を参照している、資料性や実証性が伴う面白さがあるのではないか。

翻《ひるがえ》って、個人の体験を語る怪談は、その場で生成されていくものなので、はっきり言って毎回少しずつディテールが違ったりします。完全に固まった情報ではない。これは怪談に限らず、あらゆる人間の活動において、声の文化と文字の文化の違いとして、そうなるのだと思います。

今回のテーマで私が非常に影響を受けているのは、ウォルター・J・オングの『声の文化と文字の文化』（林正寛訳　藤原書店　1991）という本です。オングによればテクスト、特に印刷されたテクストというものは、ミスのない固定されている状態だと。もし間違いがあったら、再版してまた新たにマイナーチェンジしたテクストを出す。それが完成版として世に出回るという固まった状態である。

でも、声の文化の場合、その都度その場で誰かに向かって話さなくてはいけないもの、その場で生成されるものですね。例えば私の実体験でいうと、ある怪談イベントで、今仁《いまに》さんという私と一緒に「とうもろこしの会」を作った人が次のような怪談を披露したんです。

深夜のバス停前の道路におかしな女性が立っている。なんだろうと思っていると、向こい、トラックがやってきて女を轢《ひ》いてしまう。しかしその瞬間、女の姿は消えてしまい、トラックは何事もなく走り去っていった。あれは過去にこの道路で自殺か事故死した女性で、死んだ後もなお毎夜ずっとここに立っているんだろうな……という内容。

今仁さんはあるイベントでこの話を語ったとき、うっかりトラックをバスと言い間違えてしまった。私は事前にどういう話をするかのメモを受け取っていたので「こいつ間違えやがった」と思いましたが、本番中に「それはバスじゃなくてトラックでしょ」と訂正するわけにいかない。

結局そのまま話が終わり、出演者たちでこの話を考察する時間となった。すると「バスが深夜に走っているはずがない」「じゃあバスも実在しないバスだったのでは」「バスが女を轢いたという光景が、土地の記憶として夜ごと再現されているんじゃないか」というような話になった。そちらのほうが一捻りあっていい怪談ですよね。

オングも演説など口頭の語りにおいてミスがあっても「訂正は最小限にとどめるか、全くやらないほうがいい」と書いている。まさにその通りで、声の怪談はその場によって情報が多少変わるし、変わるに任せたほうがいい効果をもたらしたりする。実話怪談でわざと嘘をついたらダメですが、言い間違いはある。体験者さんが自身の体験談を語るときも、その場で再構成してある種のフィルターをかけて話しているのだから、内容は多少違ってくるはずです。

出てこない幽霊が出てきたとか死んでもいない人が死んだという嘘の情報はNGですけど、このトラックとバスの言い間違いは、私は許容範囲だと思うんですよね。

黒　うん、全然いいですよね。間違えたおかげで、すごく面白い怪談になった。

吉田　特に怪談イベントという声の文化では、一つの話は語り終えた時点で終わるわけではない。その後にみんなでフリートークしながらワイワイ考察しあうことも含めての怪談なんですよ。一つの話が作品として自立・自閉しているのではなく、語り終わった後もまだ怪談が続いていく。

　そういったことを考えると、テクストの網の目から新テクストを抽出していく文字の怪談の有り様と、今話したような声の怪談の有り様って全く違うと思うんです。文字の怪談であれば、情報が間違ってしまうことは実証性や資料性という意味ではダメなことです。でも声の怪談としては、むしろそれが長所となる場合もある。このエピソードは、文字の怪談と声の怪談の、それぞれの違いや良さがあるということを浮き彫りにしているんじゃないでしょうか。

怪談に「著作権」はあるのか

吉田　著作権意識というのも、声の文化と文字の文化の違いが如実に表れますよね。たびたび話題に出るのが、以下のような事例。同じ体験者Aさんが吉田と黒さんの両方に取材されました。その話を吉田は怪談イベントでしゃべり、黒さんも怪談文庫で同じ話を書きました。それがアウトかセーフかって話です。私はセーフだと思うんですけど、黒さん的にはどうですか？

黒　全然セーフだと思います。ちゃんと別々に取材してますからね。誰かが取材して書いた話を、何も取材せずにパクったらダメですけど。

吉田　ただ、別々に取材していてもアウトという人もいるんです。「同じ話を2回聞いてしまうことになるから」との理由で。そうなると演者は毎回、新ネタ1回きりしか話しちゃいけないのかとツッコミたくなりますが。その人が間違っているとかじゃなく、ここから二つのことが窺えます。

おそらくその人はもっと時間があってきちんと言語化できていたら「体験者の取材は早い者勝ちである。なぜなら誰かが取材した時点で、その著作権が取材者に生まれるから」と言いたかったのでしょう。先行取材者に著作権が発生するので、後発の取材は認められないという考え方ですね。これが一つ目の理由。著作権意識ってすこぶる文字の文化的なものです。しっかり固まったテクストが参照元として機能しなくてはいけない文化なので、そこでは著作権が重要になります。そうした創作物や論文に適用すべき著作権意識が、体験者の取材にまで敷衍《ふえん》され、混同されてしまっているのではないか。

第二の理由としては、確かにその人の言った通り、毎回新ネタを1回きりしか聞きたくない、というのも本音なのだと思います。それは第一の理由と同じ根っこからくる好み、意識、感覚ではないか。先ほどから言っているように、しゃべりの怪談は同じ話をしたとしても、その場で新しく生成されるもの、同じ話が毎回違う感じになるものです。かたや文字の怪談はそうではなく、一つの固まった情報として完成されている。話の内容を情報として捉えているのだから、毎回、違う情報を聞きたくなる。一つのXという怪談の情報は聞いたから、次はYという怪談を聞きたい。Xという怪談が、このイベントではこういう風に話されました、また別の動画配信ではこういう風に話されました、という違いは楽しめない。そういった好みの感覚と、強固な著作権意識は、テクスト文化という同じ根っこから生まれていると思うんです。

黒　稲川淳二さんの怪談って語るごとにちょっとずつ情報が違ってくるじゃないですか。体験談を聞かせてくれた芸能人が違っていたりとか。僕はそういう情報の違いを毎回楽しんでいます。ただ確かに、著作権という意識が、一つの事象はこういう一つのものなのだとして固めちゃっているわけですね。それと同じ事象の話をもう一回聞いてどうするんだ、みたいなところがあると。プラス、その事象とは、まず最初に形作られたものこそが本物で著作権の対象となる、という考え方なんですかね。だから最初に取材した人に著作権が発生するのだという。

吉田　多くの人は、まず怪異体験というものが固まった事実としてあって、それを事実自体としてごろっと取り出して扱えると信じている。それが今言ったようなケースの著作権意識に繋がるのかな、と。ある怪異体験を、誰かが最初に発見して取材して持ち帰ったので、その人を著作権的に保護しなきゃいけないという意識になる。

これは怪談のプレイヤーも怪談ファンも多くが勘違いしていることですが、怪異体験というのは、体験自体が確定した事実の固まりとして自立しているわけではないんです。なんらかの体験をした人が、誰かに自分の体験を「体験談」として語ったその時に初めて生成されるもの。体験者が取材者に話すように、誰かが誰かに話すという行為抜きには、そもそも生成も発生もしないんです。そのコミュニケーション抜きで、体験自体を取り出す・取り扱うということは絶対にできません。極端に言えば、色んな人がそれぞれ取材したら、それぞれその場で新しい体験談が生まれていく。そこを誤解しているから、最初に取材した人に著作権が発生するという意識が生まれてしまうのではないか。

「声」を「文字」にする

黒　昔の子ども向け怪談本を読むと、怪談の語り方って「脅かし方」なんですよね。本当か嘘かというリアリティの怖さよりも、最終的にどこで驚かせるかっていうのが重要になってくる。「テケテケ」の怪談も、僕らの子どものときはそうでしたから。最後にガーッと迫っていく。それこそパフォーマンスですよね。

吉田 「テケテケ」の話は完全にテクストなんか意識されておらず、しゃべりの場があることが大前提で、しゃべりに100パーセント力点が置かれてますよね。当時はああいう怪談をテクストとして発表するなんて意識はほとんどなかったのではないか。

黒 まさにそうですね。怪談の原体験というのは、語りの場として、語る行為としてある。当事者は主に小学生たちです。今の怪談イベントでは色んな演出がありますが、昔の子どもたちもいかに怖くさせるかということで、間だったり表情とかしゃべり方を頑張っていた。

吉田 歴史のスパンを長く取ると、怪談はまずしゃべるものとしてあった。それが文字として怖がらせるという意識になったのは、明治以降じゃないかと思います。もちろん江戸時代から怪談もテクスト化されていますが、それはそもそも落語や講談や浪曲の書き起こしであって、つまりまず声としてしゃべりとしてあったものが文字起こしされたということではないか。

そもそも日本の近代小説というものは、明治時代に二葉亭四迷が、三遊亭圓朝の怪談落語の文字起こしから言文一致体を作っていったのが始まりらしい。ということは怪談のしゃべりから言文一致体が作られたと言ってよい。

黒 昔の講談本というのはそのまま読んだら講談になるものですからね。稲川淳二さんもそうですが、あの怪談語りを、そのまま文芸に落とし込むっていうことは難しい。やってみたら、それなりに味があって面白いのかもしれないけど。

自分で初めて怪談を書いたとき、大声を出したり間を作るようなテクニックを、文章でどうやって表現すればいいのか最初は全然わからなかったんですよ。やってみてもあまり怖くならないと悩むうち、語りの怪談で怖がらせる部分を、そのまま文章に持ってきても難しいのだろうと思ったんです。そこからは本当にもう試行錯誤で探り探りやっている感じですね。

吉田 例えばテクスト化するときに、声の怪談に寄せるっていうやり方も一つあったりしますね。体験者さんが話した言葉そのままのように「これは、そう、二年前に私の実家で体験したことなんですけど……」みたいに書く。取材の場で体験者さんに聞いた言葉をそのままテープ起こししたかのように書くっていうやり方。

ただこれも実際問題としてはテープ起こしではできないんですけどね。逆に我々がいつもより緻密に管理して書かないと文章にならない。どこかで自分の名前を不自然じゃなく名乗らせたり、これは吉田が取材している場なんだなっていうところを自然にわからせるように書く。実は演出や操作をかなり入れないと、生っぽいリアルな書き起こし風にはならないですよね。

黒 体験者さんを取材する際に交わした会話を入れたり、体験者さんが取材者に語る言葉のみを拾って独白っぽくしたりとか。あと取材者側の視点をメインに書いてみたり、色々と試しました。体験者さんからの情報がほとんどないときは、取材者側からの目線にして、考察していくような内容で書いたり。取材する話によって色々変えていくしかない。

吉田 体験者さんへの取材の中で、ある意味でわざと誤読することも生じると思うんですよ。体験者の言い分をそのままストレートに採用するのではなく、「ものすごく怖かったです」と言ってくれなくても体験者はすごく怖がってたんじゃないかな、と汲み取ってみたり。そういうことをしたいとき、テクスト資料を参照している『川崎怪談』『横浜怪談』では、どう対処するんですか。

黒 僕が扱っている古い資料だと、体験者の感情的なものは大げさに書かれていたりするんですよ。卒倒したとか、腰を抜かしたとか。これはこのまま竹書房怪談文庫に書くには大げさすぎる。だから逆に、そこを抑えて書いたりもしてますね。
　それに、元資料に描写がないことも極力書かないようにはしています。妖怪研究において、一次資料の内容から大きく改変され、なかったことが追加されていたりすることもあります。そういう間違った情報が現在では主流となっているものもあって、それはよろしくないと。怪談でそこまで厳密にやると書きづらくなるので、そこまでは考えてないですけど。体験した人が「こう感じた」っていう部分は大事にしますが、怪談として興をそぐような内容だったら使う言葉を選びます。怖くてウンコ漏らしちゃったとか、金玉が破けたとか、怪異よりもっと衝撃的なことが起きていたりすると、さすがに採用しにくい（笑）。

吉田 体験者に取材する場合は、インタラクティブに聞きたい情報を聞けば回答が貰えるじゃないですか。取材中に、自分が広げたいことを聞いて広げて、掘りたいところを質問して掘っていくことができる。でも相手がテクスト資料の場合はそれができないから、どうしているのですか。

黒 だから20万円もかけた（笑）。

吉田 なるほど、テクストの数を増やすしかないということか。

黒 幸いなことに、一つのテクストの中に、どこかに繫がりそうなヒントがあるんですよね。土地の名前などのキーワードから別の資料に辿り着く。例えば地域のコミュニティ冊子を探すとか。他に資料が出てこなければ現場に行って、そこの石仏に書いてあるものを読むとか。そうやって辿れる限りの資料・情報を集めたら、元の話をもっと深いところまで掘ることができる場合もあるし、また別の側面が現れる場合もある。「こういう話」だと思っていた怪談が、「実はこんな話だったんだ！」というのが見えてくる。テクストの中にある情報を最大限に生かして、それを一度全て抽出して、一つの話にしていく感じです。

吉田 ただテクストの完全なコラージュではないですよね。A・B・Cという資料の文言だけで完結させたコラージュではなく、どこかに黒さん自身の言葉が入ってくる。

黒　それは入れちゃいますね。ここまで調べたけど結局わからなかった、となったら僕の言葉でそう書きます。調べた結果、かなりの確率でAの話とBの話が繋がっていそうだと思っても、勝手にそれを答えとしない。そうしてもいいと断定できる資料が見つからない限りやりません。妖怪資料と同じく、間違った情報を残しちゃいけないと思っていますし。そういう場合、「調べたが答えは見つからなかった。でも、こういう理由でAとBは繋がるかもしれない」と注釈しなくてはいけない。そのために僕自身が登場し、黒史郎の言葉としてそのような注釈を入れますね。自分が出過ぎるのもどうかと思いつつ、やっぱり自分が登場せざるを得ない部分っていうのは、特にご当地怪談では発生します。

吉田　ただの資料集ではないですからね。逆を言えば、資料がある限り、いくらでも昔に遡《さかのぼ》れるというメリットはある。体験者に取材するのは、生存している人相手でないと無理ですから。しかしテクストの強みとしては、100年前だろうと200年前だろうと取材や参照はできる。

黒　ただ、手掛かりにしたい情報がどうやっても見つからないときもあります。『横浜怪談』を書いている時も、ここに○○という寺があったはずなんだけど見つからない。移設の記録も残っていない。そうなると調査を広げようがなく諦めざるを得ない。寺の記録がどこにも残っていないなんてことある？　もしかして資料のほうが間違っている？　推測で書くことはできないし、とても困りました。昔のテクストに文句言ってもしょうがないんですが。

吉田　それがテクストの弱みでもありますね。生きた人間だったら再取材して、どんどん突っ込んで深掘りしたりできますから。

テクスト怪談のアーカイブ化

吉田　ここまでは、あえて声の怪談プレイヤーとして、立場が違う前提で話してきたんですけど、ここからは私も文字の怪談側として話をさせてもらいますね。

今、実話怪談本というテクストが膨大にあるじゃないですか。それを研究者が過去の資料を参照し、引用し、新たに論文を書くように使えないかと考えています。今まで発表されてきた実話怪談を、みんな絶対に創作していないと信じて、実際の体験談だと100パーセント信じて参照し、そのテクストのネットワークで、新たに新テクストを編み出したい……というのは常々思ってきたんですね。実際に川奈まり子さんの怪談を、私が取材した話と繋げて引用したこともありますし。

黒　話の中に創作というか、情報の間違いがあったとしても、それを本当だと信じた吉田さんの考察が入ることによって、さっきのバスの怪談みたいにまた面白い展開になると思いますよ。それはものすごく興味深いし、やってほしいですね。

吉田　実際に今、逸匠冥帝《いつしょうめいてい》さんという人は竹書房怪談文庫の膨大なトピックスをExcelを使ってデータベース化してますからね。それもうまく活用できないかなと思っています。これはもう完全にテクスト文化の方法ですけど。

怪談で一番怖いのはどういうときですか？という質問をされてよく答えるのは「全く別の人から別のタイミングで、やけに共通している話を聞いたときというのはすごく怖い」。いつも出している例ですけど、井戸の祟《たた》りというのは、なぜか非常に多くの人から聞くんですよね。ただ井戸を潰したから祟ったという全体的な話に限らず、まず家がごみ屋敷になって、家族全員がおかしくなって不仲になって、最終的に火事など火の関係で誰かが死ぬ。そして後日、その家は井戸をちゃんとした手続きを踏まずに潰してしまったことが明らかになる。私が集めた体験談だけじゃなくて、他の人が集めた話でもパターンが共通していることが多い。取材している最中、「これ、もしかして井戸の話じゃないかな」と思っていたら、本当に最後に「井戸を潰したらしい」って言われると、心底ぞっとする。

例えばアーカイブ化することで、こういうことを目指せるかもしれない。竹書房のアーカイブで、全く接点のない作家さん同士が全く関係ない人から取材してきた話が、これって場所も時期も違うけど起きている怪現象が繋がってない？とかが導き出せそうなんですよね。なにしろサンプルが膨大にあるから。

黒　神沼三平太さん、１０００話入ってる本とか書かれてますよね。冥帝さんも大変だと思うけど。

吉田　竹書房怪談文庫だけでも膨大なテクストがあるので、まずそれを分類してデータベース化する。さらにテクストを電子化して参照、引用しつつ、新テクストの抽出ができないだろうか。それだけでなく、体験談を取材する際にも似た話がないかどうか参照できる、というイメージかな。声の怪談プレイヤーの皆さんも、もうちょっと実話怪談データベースを活用してもいいんじゃないかという気がします。例えば研究論文というのは、引用、参照の集積じゃないですか。実話怪談も実際に体験談を取材調査したという大前提があるんだし、みんな信念を持って嘘をつかずにやっていると思うので、似たようなやり方が可能なはずなんですよね。まあ、もし誰かが想像で創作して書いた話が混じっていたら、この前提は崩れてしまうんですけど。別に研究論文を書いているわけではないから、ある程度は許容すべきなのかな。

黒　でも、それを含めて考察するのも面白いと思いますよ。創作かどうかわからないものも含めて、そういう話があったという前提で調べる。嘘かどうかを調べるのではなく、とにかくその話も手掛かりとして考察して、他の色んな話や見つけた話と繫げていくと、案外すごい発見があったりして。

吉田　下手したら私、作家本人が創作だと言っているのに、実話扱いして現場を取材した怪談もありますからね。ネット怪談の「蛭子《えびす》温泉」って知っていますか。日本のとある場所に子堕ろしの湯、子どもを堕胎するための温泉がある、という話が2ちゃんねるで発表されているんです。ただ、それを書いた人は自分のブログで「創作だ」と断言している。

とはいえ2ちゃんねるオカルト板では創作だと明言せず、普通に読んだら実話だと取られるように発表している。私は、一度でも実話として発表された怪談については、後からいくら本人が創作だと告白しても「いや実話です」と言い張るようにしています。目をギラギラさせながら「作者のあなた自身もわかってないようですが、これは実話ですよ」と（笑）。絶対にそこは譲らない。

私は実際、蛭子温泉の場所を、滋賀県の琵琶湖畔のとある温泉地だと特定して、記事を書いていますからね。戦国時代には売春が盛んだった土地とか、お湯の中に水銀成分があるから堕胎に使用していたのではないかとか、そこについては事実を基に考察しました。もちろん、ふつうは本人が創作と言っていたら創作と捉えるべきですよ。それを実話だと譲らないというのは、ただ私が極端なだけで、一般論ではありません。

黒　それは面白いですね（笑）。吉田さんがやるから面白いんじゃないかな。でもよっぽど本当に怪談を突き詰めてやるっていう熱意がなければ難しい。

吉田　創作だった話が実話に転換されるという事態は、膨大な実話怪談データベースを参照し、ネットワーク化したら、起こりうることだと思いますよ。誰かがゼロベースから創作した話でも、ネットワークに組み込まれて参照され引用され、さらに新しい怪談がテクスト化されたりすれば、もう怪談の運動体の中にしっかり組み込まれたことになる。だとすると、それはそれで実話になってしまうんじゃないかと思いますね。怪談というのはそういうものだと思います。

黒　妖怪はそういう有り様とは違いますか。

妖怪を研究している人は実在すると思って調べているわけではないですからね。ただ妖怪が語られていた地域では、実在すると信じていた人たちもいて。「あそこに妖怪がいる」といわれている場所があり、「○○が見た」という情報が入ってくることで信じてしまうような環境もあった。色んな人から色んな情報が入ることで信じてしまうということはあると思う。その人の中では本当にあった、本当にいる、ということにはなりますから。

吉田　そういう話が語られていたってことは事実じゃないですか。最初は誰かさんの嘘だとしても、それがネットワーク化して、ある程度の規模である程度の期間伝わったという運動体として機能すれば、もう単なる嘘ではない。小豆洗いという存在があることは事実ですよね。物質として存在しているとは思いませんよ。小豆洗いというなんらかの物質が自然科学的に観測できるとは言わないけど、話の関係性においては、小豆洗いは確実に存在しているじゃないですか。

今の世の中に何万話か何十万話かある実話怪談の中にも、取材無しで想像して書いた話はごく少数ながらあると思います。私もゼロだとは思ってない。ただそれらも、実話怪談のネットワーク、テクストのネットワークの運動体の中に組み込まれれば、実話になってしまうと思います。

ゼロから想像力で創作した話だとしても、その人が死ぬまであの話は嘘でしたと言わなければ、それこそ家族にも誰にも打ち明けずに自分の中だけで留めて死んでいくのなら、それはもう実話になってしまうんですよ。なぜなら怪談で語られる怪現象についての体験は、絶対的に物的証拠があるものではないから。もし怪現象が起きたことを証明できる証拠が提示できたなら、その時点で「怪談」ではなくなってしまいます。だから怪談における「実話」とは証拠があるかないかという次元で論じるものではなく、どこまでも我々のコミュニケーション関係の中で実話だと取り扱えるかどうかに尽きます。誰にも嘘だと告白しなければ、つまり関係性の中で実話であることを棄損しなければ、その怪談はもはや実話なのです。

文字と声の中間の「配信」というスタイル

吉田 ここまでは、明確に声の怪談と文字の怪談とで分けて話してきましたが、インターネットの登場以降、そこまできっぱり分けられなくなった印象があります。2020年以降、ネット配信文化と怪談の融合というものが非常に大きなトピックとしてある。
YouTubeをはじめとした動画を自分の家で撮影して配信する。その場合、テクストで

黒

はなくしゃべりなのだけど、同時に一種のテクスト化でもある。まず目の前にお客さんがいないので、直接的には話の「場」を共有していない。インターネットの向こうに視聴者がいると信じてしゃべっているので間接的な場の共有ではありますが。そこは声の文化的ですけど、アーカイブが残ったりするので、その面では文字の文化的でもある。

これらをどう捉えればいいのか曖昧な感じになっている。みんなで車座になって話し合う怪談会と、ネット配信で一人スマホに向かって顔の見えない視聴者に話している有り様はやっぱり違う。たとえ同じ怪談でも語り口などが違ってきてしまう。

怪談プレイヤーの中には、配信はすごく上手いんだけど、イベントで壇上に上がらせると真価を発揮できない人もいるし、逆に無観客で配信をさせると上手くいかない人もいる。しゃべりだったら一概に一緒なのかっていうと、そういうことではない。また同じ動画配信でも、YouTubeかニコ生かツイキャスか、プラットフォームが違えば語りも微妙に異なってくる。

逆にテクストであっても、インターネット動画周辺のテクストは非常に声と近かったりもしますね。例えばYouTubeのコメントは掲示板的な言いっぱなし感が強いです。ニコニコ動画のコメントは、文字ではあるけどその場限りの反応に過ぎず、すぐに消えていく「声」ですよね。何か構築された文言がきちんと書かれることはないじゃないですか。

イベントだとお客さんの雰囲気もありますし。僕なんかはお客さんがいると緊張して話せなかったりもするけれど、配信で一方的に話すとかだったら、まだいけるかもしれないと思いますね。お客さんが目の前で真剣に聞いてくれていて、自分の言葉一つ一つに相槌打ってくれたり、自分に集まる視線と目が合ったり、そんな中で披露できるテクニックを全く持っていないので。でも上手い人はそういうところを本当に上手くやる。怪談の語りが巧いだけじゃなくて、身振りや表情作りがすごい。急に黙って、数秒の沈黙の間を作ったり。こういうのも怪談語りのテクニックなんだなと、聞く側として強く感じたりしますね。

吉田　私が昔から言っているのは「怪談は間が大切です、ただしその間は割と適当に空けていいというか、適当に空けたほうが効果的だ」ということ。きちんと計算した間が必要なところもあるけれど、間を空ける時間はたいてい適当でいい。怪談の間は、音楽の休止符とは違うからです。休止符はリズムの一環だけど、怪談の間はリズムがない状態。正確に言うと間ではなく「穴」です。聞いている人が「なんで黙っているの？　沈黙が長くない？」と感じる穴。怪談の場合、お客さんがそこに想像を入れ込んでくれるから効果的なんです。もちろん漫才のようなリズムとしての間も入れるべきだけど、それとは別に、むしろきちんと計算していない間があったほうが怖い。

……という主張をするんだけど、配信の人たちからは「いや違う。完璧な間というのが存在する。0・1秒単位、0・01秒単位の正解の間がある」という反論を受けたりもするわけですよ。どこかにある正解に辿り着けば一番完璧な怪談語りができるんだっていう考え方。それは配信の発想であり、テクストの発想だなと思うんですね。声の怪談の場合は、お客さんの反応次第でいくらでも違ってくるのでそもそも正解がない。お客さんと場を共有したその場で生成される、その場限りのしゃべりが毎回あり、そのときにふさわしい間があるだけだ、と私は思っています。

黒　一つの怪談において、この箇所は0・02秒、ここなら0・13秒がいいといったような絶対的に最適な間というのは存在しない。それはある種のテクスト化なんですよね。完成型が印刷されたテクストというものと、ほぼ同じ発想として怪談語りもあるという。間違っているとか、どちらが上か下かと言ってるわけじゃなくて、そういった発想はテクスト側の考え方なのだろうな、と。

吉田　リズムということで言えば、文章についても、怪談に限らずリーダビリティ、読みやすさは意識しますね。ただ、怪談を書く場合はあえてリズムを外すことで違和感、不安感を出す方法もありますけど。目の前に読者がいるわけではないので、こう書けばこう読んでくれるだろうと想定し、表現、リズムを変えて試していく。お客さんを前にして怪談を語りながら、間を作る、リズムを作ることとはまた違ったものですね。

書く場合だと、孤独に書いて、読者も孤独に読む。こちら側もどういう人が読むか想定はするけどよくわからない。しゃべりの場合は、観客と一緒になって作っているところがあります。演劇みたいに第四の壁があって観客がいない形式でやっているのとも違う。怪談は舞台と客席の境目がなく、完全にお客さんと場を共有しますからね。講談や浪曲以上に境目なくシームレスに場を共有しているところがあるので、その意味でも書く怪談と真逆ですよね。書き手と読者の断絶と、しゃべり手と聞き手の一体感。他のジャンルと比べても極端に違うなと思います。

黒 インターネットになると話し手と聞き手の一体感がまた微妙になる、っていう感じですね。

吉田 中間といってもど真ん中という感じではなくて、微妙にどちらにも揺らいでいるような。無観客イベントの配信アーカイブと、有観客イベントの配信アーカイブとでもまた違いますし。

黒 それはそうですよね。アーカイブが残るという時点でまた一つ、テクスト的なパッケージングもされちゃいますしね。

吉田 たいてい2週間ほどで消えますが、ともかくアーカイブが残るのは方向性としてテクスト化ではあるので、言い間違いや噛むことがより許されない感じになっちゃいますよね。
　しゃべりはその都度消え去るものなのに、テクスト的な扱いになると噛んだり言い間違えることに対して客が厳しくなる。そうなると語り口は自ずと朗読調みたいな方向に傾いていく。事前に脚本みたいなしっかりしたテクストがあって、それを完全朗読ではないにせよ、ちゃんと記憶して間違えないように語っているという感じ。

黒　私としては、怪談のしゃべりは本来そういうことじゃないと思うんですけどね。怪談内の情報を覚えておくのは一緒でも、それを頭の中に情景として思い浮かべながら、その場でアドリブで描写する、という感じですね。私の場合、そうしないと上手くいかない。でも多分、配信メインの人はそうした方法をとっていないと思います。まずテクスト化されたもの、台本みたいなものがあり、それをなるべく暗記しているのだと思う。僕はその場でしゃべるっていうのが苦手ですね。一回、自分の中で作ったものを覚えていく。だからちょっとでも間違ったときに「ああ間違えた！」ってものすごくパニックになる。

吉田　私は間違えたとしても、それでいきます。トラックをバスって言い間違えたときと一緒。

黒　それは本当に面白いので、もっと早く知りたかったな。自分もその勢いでいけばよかった（笑）。

吉田　元となるテクストがあると「間違えた！」ってなりますが、元となるテクストがないので、間違えたも何もないんですよ。ある程度は記憶している情景がありますけど、しゃべっているその場で情景を描写しているっていうことなんですよね。

最後に言っておきますが、文字の怪談と声の怪談は、むしろ違いをはっきり際立たせていく方向にしたほうがいいと思うんですよ。文字の怪談ではアーカイブ化計画を一大プロジェクトとしてやって、テクストのネットワーク化を図る。一方でしゃべりの怪談はそんなことを考えず、間違えても気にしないほうに振り切るといったように。互いに持ち味をきちんと意識して、差異化を図ったほうが逆に交流できるのではないかと思います。声の怪談と文字の怪談とをコラボレーションしていける。

黒 はっきり分かれているからこそのコラボでしょうしね。そのほうが聞く側、読む側も楽しいですよ。現状はまだそこが曖昧だからゴチャゴチャしている。ああじゃない、こうじゃないって争うだけになるけど、そんな争いをしている場合ではないのでは。せっかく面白いものがあるんだから、そのために整理したりハッキリさせたりというのは大切かもしれないですね。

そういう、まだ曖昧なところがあるから、僕もちょっと尻込みしていた部分がありました。『横浜怪談』『川崎怪談』も、受け入れられるかと不安だった。でも、これはこういうものなんだ、これも怪談のあり方なんだとハッキリ提示すればいい。そのほうが、この後にこういう本を出す人たちも書きやすくなるのかな、と思いますね。

吉田 受け手側も実話怪談という文化について、無意識に理解しているところがあるけど、逆に無意識に理解していない部分もまだまだすごく多いのでしょうね。だからよくわからない齟齬《そご》がたまに生まれてしまう。

まだしっかり認識や言語化がなされていませんが、実話怪談ファンのリテラシーってものすごく高いと思うんですよ。実話怪談という非常に複雑な構造を、無意識に理解して楽しんでいる。そして多くのファンが非常に高度なリテラシーを持っているからこそ、日本の実話怪談というものが世界でも特異な発展をしてきた。そのリテラシーをさらに精緻に発展させていけば、怪談文化が今後もまだ発展、変容していく余地があるのかなと思いますね。

かぁなっき　煙鳥

インターネットで語られる怪談 4

かぁなっき

ツイキャスで怪談「禍話」を配信する、猟奇ユニットＦＥＡＲ飯の語り担当。福岡県北九州市在住。

煙鳥《えんちょう》

怪談収集家、怪談作家。「怪談とテクノロジーの融合」を目指すストリームサークル「オカのじ」代表。著書に高田公太、吉田悠軌との共著『煙鳥怪奇録』シリーズがある。

現代文化の全コンテンツが、インターネットとなんらかの形で関連していることは言うまでもない。あらゆる分野において、インターネット普及の以前・以後とで分ける必要があるはずだ。音楽であれ文学であれ映画であれ演劇であれ、インターネットの興隆とともに少しずつ発表方法やマーケティング手法、または内容面についての修正が余儀なくされてきた。先人たちは不平不満を漏らしながら、後進たちはこれを好機と捉えながら。

だが「ホラー」となると話が違う。恐怖にまつわるコンテンツは、あまりにもインターネットと相性が良すぎた。音楽や映画といった個別分野ではなく、ホラー文化全体という大枠が、20世紀末を境に再構築されたといっても過言ではない。

特に「怪談」「怖い話」ほど劇的な変化がもたらされたジャンルは他にあるだろうか？

都市伝説の主戦場が口コミからインターネットへ移り、ネット怪談の誕生が多くの人々に影響を与えた。それらと明確な区分けをするため、実話怪談という概念が成立し定着していった。

ホラー全般、特に怪談というジャンルは、作り手個人を超えて、そのコンテンツ自体がひたすら広がりを目指す構造になっている。どこまでも遠くへ拡散し、どのような形にも拡張していこうとする力学を孕んでいる。

繰り返すが、それはインターネットというインフラとあまりにも相性が良すぎるのだ。

本章のテーマは、インターネットにおける怪談の拡散と拡張について。

かぁなっき氏が運営する「禍話《まがばなし》」では「青空怪談」の名称を掲げている。そこで発表された大量の怪談群は、全て著作権フリーで二次利用可能となっているのだ（商業利用は除く）。こうして拡散された「禍話」は文章、漫画、朗読など、ホラーファンの手によって形を変え、インターネットの様々な場で再発表されている。

煙鳥氏は「オカのじ異想事務局」（通称「オカのじ」）チームとともに十数年にわたって、怪談におけるデジタル技術やインターネットの活用を試行してきた。その一環として、３６０度全天球のＶＲ空間にてＡＩ生成の怪談を流し、人々がアバターとして参加する怪談会を催している。これはまた、怪談をいかに拡張するかの現在における一つの到達点でもあるだろう。

彼らはまずインターネット上で、自分たちの怪談を発表している。そこだけを見れば（発表された怪談が膨大な数であることを除けば）他の怪談プレイヤーとさほど変わらない。しかしそこからまた次の段階――頒布、再利用、発表形態など――を模索している点において、この二人と並ぶ者はいないはずだ。

「禍話」の誕生

吉田　まずかぁなっきさんが「禍話」の怪談を著作権フリーで広めていくに至った経緯という、非常に基本的なところからお伺いします。何を目的として、どんなことを目指したのでしょう。

かぁなっき　「禍話」を始めたのは5年ほど前です。私は昔から稲川淳二さん、平山夢明さんの新作が出るたびにあれこれ語る気持ち悪い人だったんですけど（笑）。大学の後輩たちから、自分でも話を持っているならやってみろよ、とけしかけられまして。自分の家で後輩とお酒を飲んでいたとき、無理やりパソコンにマイクとか接続してツイキャスで怪談語りをさせられた。その当時、生配信をするのはツイキャスが一番やりやすかったんですよね。

Twitter（現X）のアカウント作成からツイキャスの登録から全部、無理やりさせられました。そこでハンドルネームとして使っていたので名前を「かぁなっき」にしたんです。急なことでしたが、酒が入っていたもので（笑）。だから「禍話」って最初の1年ぐらい、人の家から配信していたんです。基本的に毎週金曜日だったかな。大学の後輩の家に私が行って、そこでマイクを接続して配信する形でやっていたんです。そうしたら向こうから「もう怖くて嫌だから、自分ちでやってくれ」と言われてしまった。

それから私の家で配信するようになったんですが、当時はネットも繫いでいなかったし、パソコンも古くてボロボロで、メモリが足りないしすぐ落ちてしまった。「禍話」をやるためだけにルーターを契約して、パソコンショップに行って「いいのないですか」って言ったら、ゲーミングPCを買わされて（笑）。でもその1台目もすぐ壊れちゃったんです。映画監督の夏目大一朗《なつめたいいちろう》さんと配信していたとき、なぜか指でポンと押しただけでひびが入って、夏目さんが送ってくれた動画が全部クラッシュしてしまった。それで同じ店にもう一回、買いにいったんです。「なんでこいつ、また来たんだ」って、またゲーミングPCを買わされて。今もそれを使っているんですが、キーボードが光ってて、モニター上でずっと侍がこっちを見ています。本当に機械音痴なんですが、そんな状況でずるずるやってきたという流れですね。

吉田 意外とIT弱者、ネット弱者だったんですね。

かぁなっき 今もまだ、全くできません。

吉田 怪談業界でいえば、5年前にツイキャスを始めたっていうのはそれほど古参ではありませんよね。そこから著作権フリーの青空怪談に辿り着いたというのは、どういう経緯だったんですか。

かぁなっき 改めて言われると、明確にここから始めたという記憶はないんです。始めて1、2年あたりは2時間ずっと雑談含めて話していたんですが、そうするうちに全く面識がない人から

「語っていた怪談、題名つけて文章にしていいですか」と言われまして。ドントさんという、今でも書き起こしをしてくれている方なんですが、実際にお会いしたことは一度もないんですよ。性別も知らないし。

吉田　ドントさんがnoteに書いている「禍話」は、よく目にしますね。

かぁなっき　それは全然いいですよ、とすぐ許可しました。自分が1から10まで創った話なら権利を主張してもいいかもしれないけれど、やっぱり怖い話っていうのはそういうものではないだろう、と。そうして一人がやり始めたら、他にもやってみたい人から我も我もと連絡が続いた。それらを毎回、個別にいいですよと許可していくのも手間だなと思いまして。
　そんなとき、誰かが「青空怪談」って言い出したんですよ。その響き、すごく面白いから採用しようと思っちゃったんですね。こちらの怖い話のストックはなくならないだろうという驕《おご》りもありました。別に大量にストックがあったわけではないので、完全に見切り発車ですが。著作権フリーにしても本当につまらなかったら誰も利用してくれないわけで、逆にちゃんとしたものを話さなきゃいけないよね、ちゃんと話を集めなきゃいけないよねという覚悟もつきますし。まあいずれにせよ、配信を始めたときと同じく他人発案でスタートした感じですね。

吉田　戦略的に始めたわけではなくて、成り行きだったんですね。

かぁなっき　完全に成り行きですよ。しばらくしてから「いい戦略でしたね」って配信のプロみたいな人に言われたこともあります。動画配信のチャンネルが、切り抜きＯＫにすることで広まるのと同じ、ということらしくて。でも私はネットに詳しくないし、全く意図していたわけではないんです。

吉田　とはいえ、現代日本人の感覚からすると、自分のコンテンツを著作権フリーで利用していいよと公言するのは普通ではない。売れるための戦略という意味ではなくても、何らかの考えやポリシーというものがあったのではないかと思うのですが。

かぁなっき　愉快犯というところもあったのかな……。最近出たネット怪談のアンソロジー本を買ったんですが、２０２４年の時点で、「猿夢」、「巨頭オ」なんて載せているんですよ。これって20年前の、私が20代の頃の話じゃないですか。

吉田　「洒落怖」黎明期の怪談、というか初出は「洒落怖」より前かもしれないですからね。

かぁなっき　ですよね。もうそれから色んな方が新しい怖い話を世の中に広めているのに、まだ「猿夢」か、と思って。

吉田　著作権フリーとして使える怪談が、やっぱりどうしても2ちゃんねるの有名な怖い話になってしまう。出版社として使いやすいのがそこになる。

かぁなっき　怪談が権利問題で揉めたっていうことが、私が大学生のときに話題になったんですよね。ワイドショーや『噂の真相』でも取り上げられたりして。それがめちゃくちゃショックだったんです。事情があるのはわかるんだけど、別にええやん、何とかならんのかな……と。

そのショックが刷り込まれていたから、そういうことはしたくないなと思ったんです。あとは自分が二次利用ＯＫと思っているのに、リスナーの方がこれは著作権侵害だと怒ってしまう事態も予想されますから、そういう芽を早めに摘んでおこうかなと思って、青空怪談を宣言したのかもしれません。

吉田　ツイキャスで怪談配信を始めたのはそこまで古くなくても、かぁなっきさんは怪談マニアとしてはかなり年季の入った方なんですね。そんな昔から怪談の歴史に付き添っていたという意味では、正直、私や煙鳥さんよりも古参になりますよ。そうした経緯があるとしたら、ネット戦略を上手く活用したということではなく、怪談の歴史を踏まえた上での、著作権フリーだったんですね。

かぁなっき　その当時はそんなこと明確に言ってないですよ。それじゃフリーにしようか、好きに使ってくれたらいいよぐらいの感じでしたから。無意識に選択したんですかね。今こうやって話してみて、本当はそういうことだったのかなと整理がつきました。

あと、これは根本的な話になるんですが、怪談って、そんなに怖くなくてもいいっていう風潮があると思うんですよ。怪談って怖いだけじゃないし、不思議だったり、いろんな気持ちがあるからね……みたいなノリがちょっと嫌いだったんです。もちろん感動系でも、すごく胸を打つ話だったら文句ないですよ。不思議系だろうと、そのベクトルで濃い話だったらいい。でも、薄い話のくせに実話だからという言い訳で逃げる人を頻繁に目にすることがあって。
　今は誰でも彼でも怪談が発表できるようになったのはすごくいいことですけど、「車に乗っていた人が消えた」だけの話を30分も長々と語るようなものを見ると、「うーん」と感じてしまう。こっちは基本的に無料でやっているんだから、有料でやるんだったらちゃんとすごい話を聞かせてくれよ、という気持ちはあります。嫌がらせというか挑発行為にも近いですよね（笑）。

吉田　無料でやっているこっちに負けたら駄目だぞ、という挑発でもあると。それもやっぱり、怪談がずっと好きだったことからくる熱意ってことですね。青空怪談でフリーに使ってくれというのも、一見デジタルに詳しい人の戦略かと思いきや、怪談へのアナログな熱意から発していますし。

かぁなっき　そうですね。確かにアナログ人間のアナログな熱意です。多分、本当に怪談が好きなんですよね。

吉田　かぁなっきさんが意図しているかどうかわかりませんが、私は「禍話」の怪談内容も、かぁなっきさんの語り口も、非常に三人称的だなと感じるんです。体験者の一人称ではなく、客観的なカメラアイであり、しかもそれは体験者のすぐ後ろから見ているカメラアイではなかったりもする。つまり普通の実話怪談のような、三人称一視点ではなかったりもするじゃないですか。その語り方を工夫されているのかなと感じました。俯瞰的なので文章や漫画にリライトしやすいのかな、と。特に漫画ですね。大家さんという方が漫画化されていますが、他と比べて「禍話」の怪談は漫画にしやすいだろうなと思います。

かぁなっき なるほど……って私が言っちゃ駄目なんですけど（笑）。稲川淳二さんがインタビューで、ご自分の中に映像を思い浮かべて話す、その映像を自分で追いかけながら話す、といったことをおっしゃっていました。自分も稲川さんの影響を受けているので、そうなっているのかな。

吉田 思い浮かべた映像を描写する語り方というのは多くの人が当てはまると思います。私も煙鳥さんもそうですし。昔話や戦争体験を語り継ぐ語り部さんなどでも、やっぱり映像を思い浮かべて描写するのがコツだという人が多い。しかし映像描写の中でも「禍話」は視点がもっと高い位置にある。カメラの位置がロングショットというか。

かぁなっき 確かにそうですね。それは本業のせいかもしれません。書店員なんですけど、店頭にいるより、電話で説明するといった仕事が多いので。出版社と問屋の間を繋ぐ説明なので、両方にできるだけわかりやすく話さなくてはいけない。同じ店に10年以上いると、どんどんそれが上手になっていく。トラブルが起きたときも、これこれこういうことがあってこうなったんですよってストーリーで説明するみたいなことが多い。そういった説明って一人称ではできないじゃないですか、主観的な感じになってしまうから。

吉田 クレーム対応などもそうですよね。

かぁなっき　俯瞰で見なくてはいけない。入荷が遅れていますという事情を、流通の仕組みがわからない高齢者さんに説明することも多い。できるだけわかりやすく、専門用語を使わずに説明するには、出来事を俯瞰しないと伝わらないなって経験知があるんです。そういう視点が怖い話をするときにも出てしまうのかな。

吉田　あと行動の理由の説明が非常に丁寧だと思います。なぜAさんがこうしたかということが、普通はサラリと流して話すところを、こうこうこうだからと三つぐらい理由を出していたり。

かぁなっき　確かに、それも職業病（笑）。普段の仕事で意識していることです。

吉田　すごい情報量ですが、かぁなっきさんの早口だから可能なわけじゃないですか。私では無理です。かなり滑舌よくスピーディーに話さないと、同じ尺でそのボリュームにはならない。だからリライトしやすいんじゃないですかね。書き手が素材をたくさん与えてもらえる。体験者に再取材するわけではないから、どうしてもかぁなっきさんの話を基に、情報としては削る方向しかない。でも元の形が大きいから、いかようにも削ることができる。

煙鳥　客観的視点も含め、漫画や映画などの映像化にも向いたコンテンツなのだと思います。洒落怖の朗読動画ってたくさんあるじゃないですか。でも、洒落怖は正直もう動きはほぼ止まっていて、新しいヒット作はずっと出ていない。そこにハマったのが「禍話」さんだったと思うんです。朗読したい人やリライトしたい人にとっては、著作権フリーで使える怪談が大量にあるという、第一級の鉱山が現れたみたいな感覚だったんじゃないですかね。

吉田　ポスト洒落怖っていうことですね。

煙鳥　怪談を取材して発表するタイプではない、もしくはそれができない人たちにとって、すごく魅力的なコンテンツなんですよね。最近だと、朗読系VTuberの人たちとか。

吉田　怪談の元ネタを求める人たち、それを素材に新たに漫画や文章や朗読という自らの表現コンテンツに仕立て直すことがしたい人たちは、いつの時代も一定数いる。かつ怪談というものはそうした再取材、再構成、再話することに非常に適したジャンルですからね。そもそも怪談自体が人の体験談を再話する行為そのものですから。

煙鳥　怪談の再取材ということでいえば、僕と吉田さんと高田公太さんとで『煙鳥怪奇録』という文庫シリーズをやっていまして。僕が集めた怪談をお二人に書きなおしてもらうという本ですね。僕自身の体験談はともかく、取材した体験談をリライトしてもらうというのは『煙鳥怪奇録』で初めて試みました。その立場からすると、ここは気づいていなかったなとか、ここに目を付けるのはすごいなと気づかされることは多くありましたね。

かぁなっき　「禍話」初期の頃になりますけど、自分が怪談の中で省略した箇所を、リライトする人が「このマンションはどういうところだったんですか」みたいに気にされることがあったんですね。話の本筋とは関係ないのにそこが引っ掛かるのか、それで話が入ってこない人もいるのかなあ、と思ったりしました。語る人それぞれの癖で、ここは別にいいかと削ってしまうことはあるじゃないですか。それがリライトされて、自分の話と比べることで、ここはちゃんと言及しないと駄目なんだなって気がついたというか。リライトを受けて、そういうフィードバックみたいなことはありましたね。

吉田　怪談というものはどうしようもなく、その時に語っている人の話になるんです。もちろん源流として、体験者Aさんが語ったAさんの体験談であるという大前提は忘れちゃダメですが、体験者Aさんの体験談をBさんが話しているとき、その話はもうBさんの話です。Aさんの話をかぁなっきさんが語りなおしたものを私がリライトしたら、そのリライトした話だけについては私の怪談になる。一つの怪談について絶対的な正解があるわけではなく、それぞれの場面でそれぞれの話者がいるだけ。極論すれば、そもそも体験者Aさんだって、自分の体験を解釈して再構成している話者の一人に過ぎない。「この人はここに着目するんだ」っていうそれぞれの解釈と再構成を楽しめばいい。「禍話」のリライトも、大家さんが漫画化すれば大家さんの話だし、ドントさんがリライトすればそれはドントさんの話になるっていうことですね。

かぁなっき　以前、桜金造さんがインタビューで「俺は幽霊のサポーターだ」みたいな喩えをおっしゃっていたのが、すごくいい言葉だな、と。せっかくこの世に出てきたお化けなり何なりは、自分のことを広めてほしいんじゃないかなと思うんです。それなら怖い話にした方が広まる。やばいヤンキーの先輩の武勇伝を話すときも同じですね。すごく強い人がいたという話をするとき、ちょっと尾ひれが付いたとしても、当人が怒るような変な付け足しじゃなかったらＯＫじゃないですか。むしろ武勇伝が広まった方が本人も嬉しいわけで。怪談でいえばあえて情報を削ったり、ちょっと登場人物の感情を増幅したりとかになりますかね。「ヤンキーの先輩がいかに強かったか」という話の肝はズラしてはいけないけど、そこさえズラさなければある程度はいいんじゃないの、とは思います。

吉田 かぁなっきさんは、怪談や怖い話というものが、どんどん拡散していく方向の力学を持っているということに非常に自覚的なのかなと思います。それが著作権フリーでどんどん再利用してくださいという青空怪談に繋がっていき、そのやり方が上手くいった。

かぁなっき そうですね。怖い話というのは、どんどんものすごく広がっていけばいいのにと思っています。

吉田 そこはかなりラジカルな立場ですね。昔の怪談や2ちゃんねる黎明期を知っている古参組だから、むしろラジカルなのかもしれない。怪談業界では新参の方だけど、怪談マニア歴でいえば古参である。そうした経緯があってこそ、青空怪談という形に必然的に至ったのかなと、お話を聞いていて思いました。

インターネット第一世代による怪談

吉田 一方、煙鳥さんはかぁなっきさんと比べたらＩＴ強者ですね。怪談歴は私と同じくらいですが、スタートからネットを主戦場にしていた。

煙鳥　そうですね。18歳で大学生になってノートパソコンを買って、2006年から配信しています。そもそも2ちゃんねるオカルト板を見ていて、そこから「ねとらじ」という音声配信のサービスを知り、配信の仕方を調べてやってみたという感じです。

吉田　ネット配信の最初期ですよね。もちろん、怪談以外のジャンルでは既にインターネットラジオというものがあり、自分のサーバーに音声ファイルを置いて聴いてもらっていた人も一部ではいたわけですが。怪談の生配信としてはかなり早い方ですね。

煙鳥　ライブドアが「ねとらじ」のサービスを始めた頃で、まだFC2に移行する前からなので。Winampにプラグイン入れてといった作業をして、ちょっとハードルが高かったんですよね。

　2008年からはパソコンのスペックと配信速度が上がってきて、動画配信ができるような時代になった。その翌年には「オカのじ」を結成して怪談を配信するようになりました。ニコニコ生放送と、あとは当時、生配信はパソコンのポートを開放して、直接パソコン自体に接続してもらって見せるという方法もありました。それは動画が公開できるんですけど、回線速度に依存するので少人数しか見られない。だから自分たちの配信を見ている人にまた接続してもらい、映す人から映す人へとブドウの房状に繋いでいく感じです。そういう意味では非常に閉じたインターネットの世界ですよね。

吉田　ある意味、怪談的な口コミに近い形というか。一人が全世界の何十万人に配信するわけではなくて、どんどん連鎖して繋がっていくわけですね。でもなぜそこまで生配信にこだわったんですか。ライブでなければ、文章をブログに書くでもいいし、音声ファイルを置くだけだったらもっと簡単にできるのに。

煙鳥 自分がしゃべってレスポンスがすぐに返ってくること、まさに今聞いてくれている人が目の前にいるかのようなやりとりが純粋に楽しかったんですよね。

吉田 ライブでの怪談イベントではなく、ネットを活用した生配信の方に行った。古参組でいうと、私やいたこ28号さんは怪談会や怪談イベントという、実際のライブを模索していたんですが、煙鳥さんはＩＴを活用する方向だった。

煙鳥 今は実話怪談を集めている人のイベントって毎週末のようにありますが、当時はほとんどなかったですよね。稲川淳二さんのようなプロの怪談ももちろんすごく好きだったんですけど、そうではない、もっと巷の人たちが集めた生々しい話を聞きたかったんです。インターネットならそういうものを求めている人たちにぱっと出会えるのが大きかった。

吉田 少人数で30人ぐらいしか同時接続はできないけど、範囲としては日本全国に広がっていけるから。我々が東京で小規模な怪談イベントをやっていたのと同じことを、全国の人たちとやっていた感じですね。そして「オカのじ」を結成してニコ生のほうに行った。

煙鳥 「オカのじ」は、ねとらじで仲良くなった3人で結成して。ニコ生で一旗あげようみたいなことは全然思っていなくて、動画配信できるらしいからやってみない？みたいな自然な流れでしたね。怪談中に画像を表示したりできるのが、すごく革命的だったので。それまでのねとらじだと、あらかじめ相手に画像をダウンロードしておいてもらい、いいタイミングで「はい開いてください」と見せてびっくりさせる。動画を見せるのも、みんなで「いっせーの」で再生してもらうんです。絶対にタイムラグのズレが生じるんですけどね。そんな超アナログな方法をとってました。

吉田 現実の怪談イベントよりもアナログな手法ですね（笑）。

煙鳥 視聴者側に委ねていますから。それが自分のタイミングで画像や動画をオンタイムで見せられるようになったのはすごく新しいことだった。当時はYouTubeもニコ生もお金を儲けるという概念がなかったから、みんな自分の楽しさや承認欲求だけで配信していました。今から振り返れば、けっこういい時代だったんだなって思います。

吉田 でもそういう技術的な実験、楽しみ方っていうのが、今のＶＲ怪談会やＡＩ生成怪談の開拓に繋がっていくわけですよね。

煙鳥 「オカのじ」は、怪談とテクノロジーの融合を掲げて結成しました。最先端の技術と、自分たちが好きな怪談を組み合わせたら、何か新しいものができるんじゃないか。ニコ生の次はＶＲに挑戦していくわけですが、完全にコンピューターグラフィックスの世界なので更に一歩進んだことができる。体験者さんが怪談の中で「雨が降ってきたんですよ」と言ったら眼前に雨を降らせることができる、とか。８方向に視点が向くカメラで撮影すれば、それを球面上に歪めて疑似的な360度を作り出すこともできる。例えば自分が前を向いていた場合、振り返ったときの視界って絶対に見えないけれど、それを見ることが可能になる。最初は前を向いて見ていた怪談動画を、2回目に見るとき、後ろを向いてみたらオチの瞬間に後ろからお化けが出てくる、みたいな。

吉田 あとは呪物、正確には怪談にまつわる物品を3DでCG化してましたね。

煙鳥 僕が持っている色々な呪物を3Dスキャンして、コンピューターグラフィックスに直して、VRの世界に展示する。その会場に見に行った人が、データ上のキャッシュとしてパソコン自体にダウンロードする。ということは、呪物が無限コピーされるのと同じことではないか。それを事前に告知せずに行うことで、何か怪異が起こるのではないかという実験を含めた展示でしたね。

吉田 その物の情報を3Dで全て取り込んだら、そこにまつわる呪的や霊的なもの、怪異も情報としてコピーされるのかどうかという。怪異が形状の情報に宿るのかどうかはともかく、それをキャッシュとして相手のパソコンにコピーさせていくというのは、すこぶる怪談的です。拡散を目指す怪談の力学を、煙鳥さんも手伝わされている。自分の意思だと思っているけれど、実は怪談にやらされているのかもしれない。

煙鳥 あとは「怪のモノリス展」(2022年1月)に出展した作品『言語入力に対する深的思考型人工知能の出力結果としての多次元剝離と顕現干渉、あるいは窓』ですね。現実の怪談イベントではできないことをやろうという試み。実際にＡＩ出力した怪談を、僕が少し手直しして、朗読してもらっている。今なら完全ＡＩでも自然な感じに読ませられるんですけど、わざと人にＡＩっぽく読んでもらっているんです。出てくるアバターも人が演じているんですよね。動画の最後に出てくる怪異は、身長６００メートルぐらいになる計算なんですがモデルを作っていたり。人が演じているのを３６０度のカメラで撮って、繋ぎ合わせているという。一種の演劇ですよね。

吉田　その怪談が語られているときに、３６０度どこでも視点をぐるっと変えられるというのは普通の怪談イベントではありえない体験。

煙鳥　よく見ると、周りにお化けが出たりしています。何回か見ると気づくように、わざと仕込んでおいたりとかして。怪談イベントでお化けが出ることなんてないじゃないですか。２回も３回も見てもらうことが前提だからできることですが。そういった現実を超えた何かができないかというのを目指しています。例えば、怪談をしゃべっている途中、なんらかの言葉が出た瞬間に、視界が落ちて真っ暗になるとか、ぶわっと背景を変化させるとか。現実世界でプロジェクションマッピングを組もうと思ったら、それはもう莫大なお金がかかりますが、そういうことが３Ｄだとスイッチングすればいいだけなので一人でできちゃうんです。まだ見たことのないホラーを作りたい、といった感覚があるんでしょうね。

吉田　煙鳥さんや「オカのじ」のそういった試みは、空間の拡張という気がします。怪談というものを、空間をどう拡張して見せていくか。その試みにはインターネットこそが適しているでしょうね。単純にワールドワイドにどこでも繋がれるという意味でも空間拡張ですし。

煙鳥 どこでも自宅で怪談が見られるというところに、僕らはちょっとこだわっていますし、好きなところですね。

吉田 やはり狭いけれどワールドワイドだというちょっと矛盾したコミュニティが好きなんでしょうね。

煙鳥 VRの人たちってすごく最先端なんですが、情報を統合しているサイトとかがとにかく少ないんです。だから情報の広がり方がいまだに口伝えだったり。あそこのワールド、実は隠し扉があるらしいよ、とか。VR睡眠という、ゴーグルをかけたまま寝るという行為があるんですけど、いつまでもずっと寝ている人が、この空間のどこかにいるらしいよ、とか。そういうVR都市伝説が口コミでささやかれていく。

　実は怪談とすごく親和性があるんですよ。あのワールド、実は3回まわってからピアノを弾くと、何か起こるらしいよとか、○○さんっていう人が行ったときに変な音したんだってとか、エッジィなのに先祖返りしているみたいなところがあって。

吉田 整合性が取れていると思われた世界の中で起きた非整合的なことをバグと呼ぶとすれば、まさにバグですよね。VR空間という最も整合性が取れていそうな場で奇妙な現象が起きているというコントラストもあるし。そもそも、この現実世界に起きたバグのことを、われわれは怪異と呼んでいるわけですからね。

煙鳥 実話怪談って、現実世界のバグレポートみたいな感じじゃないですか。そういう意味で同じだと考えたら面白いですよね。

吉田 人為的なVR空間と違って、現実世界の方は我々が勝手に自然法則を見つけて、それに反するものを勝手にバグ扱いしているだけなんですけどね。とはいえまず法則があり、その非法則としてバグがある、それを不思議、怖い、と感じるという意味では一緒と考えてもいいのかな。まあ怪談の語りを聞くこともVR体験みたいなものですから。

煙鳥 そうですよね。聞いた人の中で世界を想像してもらうっていうところですもんね。

VRは日本人のユーザーはせいぜい1万人程度と言われていて、あとは海外の人ばかりが繋がっている。PCスペックもある程度ないと利用できないので、基本的にゲーマーのオタク勢なんです。日本のゲームは人気なので、日本語を話せる外国人の方がすごく多いんです。だから海外の怪談も取材しやすいんですよ。僕らが開いているVRの怪談集会でも、最近ではタイとインドネシアの方が来て話してくれています。非常にエッジィで狭いんだけどグローバルみたいな、不思議な状態になっています。

吉田 そう聞くと、昔のインターネット黎明期みたいな良さがVRには残っていますね。

煙鳥 「禍話」さんも怪談は無料でやりたかったとおっしゃっていましたけど、まさにVRのワールドを作っている人たちは基本全て無償で動いているんです。そういうスピリットは

吉田　青空怪談に通じるものがあるのかもしれないです。インターネットが普及した初期の頃って、ついに情報を無料で公開して拡散する時代がやってきた！　新しい時代の幕開けだ！という高揚感があったんですよね。私もその時代の空気感を知っているから、どうしてもネットで金儲けをするのが当たり前という今の風潮になじめないところがあります。逆にその空気を知らない若い人たちは気負いなくネットとマネタイズを連結させている。別にそれを否定する気は全くないんですけどね。「禍話」も「オカのじ」もインターネット黎明期のあのスピリットで動いている感じがします。それがいいのか悪いのかはわかりませんが（笑）。

両者とも、怪談およびホラーコンテンツの拡散活動という意味では共通している。同時にまたちょっと真逆なところもあって。かぁなっきさんの「禍話」みたいに著作権フリーで他のコンテンツに改変されながらどんどん広がりを目指す方向に行くのと、煙鳥さんの「オカのじ」みたいにワールドワイドでありつつ、実験的なコミュニティを試行していく方向とがある。拡散と拡張の違いと言ったらいいのかな。それは両者のコンテンツの質の違いにも繋がっていますね。

5

回帰と拡散のホラーゲーム 2015-2024

向江駿佑

ホラーの現在を語る上で、ゲームとその周辺文化を欠かすことはできない。

本書でも触れたが、『SIREN』などのエポックメイキングな作品はホラーというジャンルの浸透と進化に多大な影響を及ぼしてきた。逆に現代のゲーム文化を語る上でも、ホラーというジャンルを見逃すわけにはいかないだろう。自らの行動を選択し、世界に没入する深度において、ホラーとゲームとは最良の組み合わせだ。

また現代ホラー文化全般を眺めても、ホラーゲームは日本から海外への輸出、海外から日本への輸入というグローバリズムが最も進んだジャンルと言えよう。本書はジャパン・ホラーに特化しているが、世界各国の事情を探る上でも最良の題材である。

こうした観点から、ゲーム研究者である向江駿佑氏に寄稿をお願いした。

ホラーゲームをめぐるここ10年の動向を、日本のみならず海外まで含めた視点でまとめていただこう。

注目度の高まり

ホラーゲームをめぐる状況はこの10年で様変わりした。それにともないメディアでの扱いにも変化が窺える。とくに2020年代に入ると、一般誌においてもしばしばホラーゲームがとりあげられるようになった。てはじめに近年のいくつかの特集を振り返ってみよう。

『POPEYE』2021年9月号では、『バイオハザード』（カプコン　1996）など有名どころのサバイバルホラー（限られた武器弾薬や回復薬を駆使して脅威から生き延びるゲーム）が紹介されているほか、『あつまれ　どうぶつの森』（任天堂　2020）からインスパイアされた短編ホラー映画『Don't Peek』（2020）や、『DEATH STRANDING』（コジマプロダクション　2019）の小島秀夫によるおすすめホラー映画紹介など、映画特集の合間にゲームが挟まれている。

向《むか》江《え》駿佑《しゅんすけ》
ゲーム研究者。1987年生まれ。神奈川県出身。CIEE Kyoto, Adjunct Professor. 雑誌やウェブメディア等にホラーゲーム論や乙女ゲーム論を寄稿。

このように、かつては映画や小説などで埋まっていたホラー特集の誌面にゲームが加わったのが近年の特徴だ。アニメ化された『ひぐらしの鳴く頃に 奉』（エンターグラム ２０１８）や、ドラマ版も大きな反響を呼んだ『The Last of Us Part I』（ソニー・インタラクティブエンタテインメント ２０２２）をはじめ、ホラーのメディアミックスにゲームが組み込まれるようになった現状を考えると、これは自然な流れだろう。

『早稲田文学』２０２１年秋号はより広範なホラーメディアを扱っているが、とくに目を引くのはインディーゲーム制作者とガッチマンや人生つみこなどのVTuberによる座談会の模様だ。そこで焦点となるのが実況者と（インディー）制作者の協力関係である。両者はすでに不可分で、制作段階で実況者の意見が取り入れられることも珍しくない。ガッチマンが監修した『葬回診』（Unite 2022）はその最たる例だ。

『BRUTUS』２０２３年9月1日号も多くのホラーメディアを横断する特集で、ゲームの選出と紹介にかんしては、つみこ氏とともに筆者もかかわった。ここでは『MADiSON』（BLOODIOUS GAMES 2022）を筆頭に、『Dead by Daylight』（Behaviour Interactive 2016）や『Ib』（PLAYISM 2022）など30本を、コメント付きで怖さ順にリストアップした。彼女は別のページで傾向ごとに海外のホラーゲームも紹介しているが、それについてはあとで触れたい。ここでもまた映画や小説、漫画などの隙間にゲームが侵食している。

同じ『BRUTUS』でも、２０２３年12月1日号は逆にゲーム特集のなかにホラーが紛れ込んだケースだ。兄弟でインディーゲームを制作するChilla's Artと彼らのゲームを実況することもある三浦大知の鼎談では、おすすめのタイトルや自身のホラーゲーム歴が語られる（前者は『早稲田文学』にも寄稿）。また批評家のさやわからによるインディーホラーゲーム紹介もあり、いくつかは本稿でもとりあげた。

これらの特集（とそこであげられた作品）には、共通してみられるいくつかの特徴がある。キーワードは「多国籍化」と「リメディエイション」だ。この二つを軸にこの10年のホラーゲームをめぐる状況を整理しよう。

多国籍化するホラーゲーム

図1はおおむね2015年以降に発売・リメイクされた主要なホラーゲームを、発売元ではなく開発元の所在地でマッピングしたものである。スペースの都合上、前述の特集で言及されたものなどごく一部だが、英語圏を中心に制作国は各地に分散している。

作品の舞台は開発元が属する地域であることも多く、そうした作品では作り手の肌感覚がゲーム内世界の描写をより自然にし、プレイヤーの没入感も向上する。ある意味手軽に安価で海外旅行気分が味わえると思えば、なかなかお得だ。しばしのあいだ、危険に満ち溢れつつも絶対的安

図1 ホラーゲームの制作国の分布

西・北欧
イギリス『Phasmophobia』『UNTIL DAWN -惨劇の山荘-』
イタリア『Remothered: Tormented Fathers』
スウェーデン『LITTLE NIGHTMARES-リトルナイトメア-』
スペイン『ソング オブ ホラー』
フランス『Alone in the Dark』
北米
米国
『Five Nights at Freddy's』
『The Last of Us Part I』
カナダ
『Dead by Daylight』
『Visage』
中・東欧
ウクライナ『The Sinking City ～シンキングシティ～』
セルビア『Scorn』
ポーランド『ブレア・ウィッチ』
ロシア『Locked Up』
日本『死印』『夜廻』
『BIOHAZARD VILLAGE』
『零 ～濡鴉ノ巫女～』
『パラノマサイト FILE23 本所七不思議』
南米
アルゼンチン『MADiSON』
ブラジル『Opus Castle』
アジア
韓国『WHITEDAY～学校という名の迷宮～』
タイ『Home Sweet Home』
台湾『返校 -Detention-』

全が保証された、この魅力的なツアーに出かけよう。

北米

制作国が多極化した現在でも、依然として中心地の一つ。その広大さを体感するならなんといっても『The Last of Us』だ。ストーリーの評価が高い本作だが、東海岸のマサチューセッツから中西部ソルトレイクシティまで北米大陸を横断するロードムービーのような移動もまた、米国という舞台を存分に生かしたものだ。こうしたじっくり腰を据えて楽しめる作品だけでなく、『Five Nights at Freddy's』(Scott Cawthon 2014) をはじめ実況映えするジャンプスケアから、『Dead by Daylight』のような繰り返しプレイに耐えるマルチプレイゲームまで、自前かつコンスタントにまかなえるのが北米ゲーム産業の強みでもある。

ヨーロッパ

制作本数が多いイギリスこそ、『Phasmophobia』(Kinetic Games 2020) のようなマルチプレイゲームと『UNTIL DAWN -惨劇の山荘-』(ソニー・コンピュータエンタテインメント 2015) のようなサイコホラーをカバーするが、他の欧州諸国では後者のように館など特定の場所から脱出するタイプが目立つ。つみこ氏が指摘する『P.T.』(コナミ 2014、現在はDL不可) の影響のほか、狭い地域に多数の国家が存在し言語もことなるヨーロッパでは、「異端」とのかかわりのほうに注意が向きやすいのもあるだろう。

ただそうしたテーマは、神秘主義や精神分析の長い伝統のもと、むしろ作品の背景に上手く取り入れられている。『ブレア・ウィッチ』（Lionsgate Games 2019）や『Hellblade: Senua's Sacrifice』（Ninja Theory 2017）のように主題として扱うだけでなく、『UNTIL DAWN』のSupermassive Gamesによる「THE DARK PICTURES」シリーズのように、人間の心の闇を描くのに長けた彼らの手法には、文化のちがいを超越する訴求力がある。

南米

南米はゲーム制作地として近年存在感を増しつつある。『MADiSON』や、『Opus Castle』（QUByte Interactive 2021）のように、精神的世界からの一人称視点の脱出ゲームというヨーロッパ的な手法を基盤としつつも、宗教観や銃器の入手しやすさなど、この地域ならではの社会情勢を反映しているのが特徴だ。

こうした傾向はホラーだけでなく、たとえばベネズエラのSukeban Gamesが制作した『VA-11 Hall-A: Cyberpunk Bartender Action』（PLAYISM 2016）のようなある種の恋愛ゲームでも、ディストピアと化した現地社会がゲーム内世界に反映されている。ある意味、ホラー作品が生まれやすい環境とも言える。

アジア

近年のアジア圏のホラーゲームとして真っ先にあげられるのが、台湾の赤燭遊戯（Red Candle Games）による『返校 -Detention-』（PLAYISM 2017）だ。80年代が舞台の『還願 -Devotion-』（赤燭遊戯 ２０１９）とともに、台湾の歴史と深く結びついた本作は、ホラーッアーアジア編にうってつけだ。

ホラーエンタメに強い韓国のゲームも、世界的に高い評価を得ている。Striking Distance Studios（『ＰＵＢＧ』のKRAFTON傘下）の『The Callisto Protocol』（KRAFTON 2023）はその代表例だ（レーティングの関係で日本では発売中止）。リアル志向の本作に対し、『WHITEDAY～学校という名の迷宮～』（アークシステムワークス ２０１７）では『学校の怪談』のような学園ホラーが展開される。こちらは日本語ローカライズ版もあるので手を出しやすい。

日本

国内では「バイオハザード」シリーズのような大手メーカーのＡＡＡタイトルと、インディーゲームやノベルゲームなどの低予算タイトルという二極化が進んでいる。前者は『BIOHAZARD VILLAGE』（カプコン ２０２１）や『零 ～月蝕の仮面～』（コーエーテクモゲームス ２０２３）、後者は『魔女の家 ＭＶ』（DANGEN Entertainment 2018）や『ひぐらしのなく頃に 奉』などオンラインやコミケで配布されていた人気タイトルのリマスターと、

Chilla's Art作品や『米砂原醫院』(DorsalFin Studio 2022)といった新規参入組に分けられる。実況者という強力な媒介者を得た小規模クリエイターが、20年以上続く大作シリーズと同じプラットフォームで競い合う現在の状況は、十数年前には想像できなかった。その功罪についてはは最後にまとめるとしよう。

ホラーのリメディエイション

紹介すべき作品は尽きないが、ツアーはこのあたりにして次は縦軸、時間旅行に移ろう。ここでの補助線は「リメディエイション」だ。メディア研究者のボルターとグルーシンが提唱した概念で、新しいメディアの中でそれ以前のメディアがトランスフォームして再利用されることを意味する。90年代のJホラーで心霊写真が幽霊を呼び出すメディウムとして回帰したのもその例で、ゲーム研究でも注目されている(吉田寛『デジタルゲーム研究』東京大学出版会　２０２３など)。

昨今のホラーゲームはそれを効果的におこなっており、そこで回帰するのが〝90～ゼロ年代〟である。今この時期が注目される理由については、文化的な流行のサイクルや、当時の作品を受容した世代が現在の制作体制の中心層であることなど、その考察だけで紙幅が埋まりそうなので、ここでは事象それ自体について二つのパターンで考えてみる。

表1 2015-2024年にリメイクされた
おもな90～ゼロ年代のタイトル

タイトル	オリジナル版	リメイク版
Alone in the Dark	1992	2024
CLOCK TOWER REWIND	1995	2024
ザ・ハウス・オブ・ザ・デッド:リメイク	1997	2023
BIOHAZARD RE:2	1998	2019
BIOHAZARD RE:3	1999	2020
SILENT HILL 2	2001	2024
WHITEDAY～学校という名の迷宮～	2001	2017
零 ～濡鴉ノ巫女～	2002	2021
ひぐらしのなく頃に 奉	2002	2018
流行り神	2004	2023
BIOHAZARD RE:4	2005	2023
コープスパーティーブラッドカバーリピーティッドフィアー	2007※	2021
零 ～月蝕の仮面～	2008	2023

※初代フルリメイク版。オリジナル版は1996年公開。

リメイク

てっとりばやく90～ゼロ年代感をだすなら、当時の作品を現行機向けにリメイクなりリマスターなりすればいい。ほぼ別のゲームになることもあるフルリメイクとオリジナルの雰囲気を再現しようとするリマスターはことなるが、ひとまずここ10年の国産タイトルを中心に、オリジナル版の発売順に整理した（表1）。

何本か海外作品もあるが、当時の国内ゲーム産業の勢いが感じられる。継続的にリメイクを重ねる「バイオハザード」シリーズにくわえ、旧ハード向けのリメイクしかなく、ややハードルが高かった黎明期の作品にも光が当てられていることから、業界全体の関心の高さが窺える。とりわけそれぞれ3Dと2Dのサバイバルホラーの古典である『Alone in the Dark』（THQ

Nordic 2024）と『CLOCK TOWER』（サンソフト２０２４）が現行機向けにリリースされるのは、サバイバルホラーというジャンルの起源に目を向ける意味でも重要な動きだ。

前節で紹介した『WHITEDAY』のオリジナル版は２００1年リリースで、作中にはビデオテープやカセットなど懐かしいアイテムが登場する。チェキなどでいまだ需要があるフィルム式カメラにくらべ、映像・音楽用のテープは実用的な役割を終えている。当時を知る世代には親しみ深いこれらの機器も、一部の若いプレイヤーにとってはゲーム内でしか触れたことがない製品かもしれない。その意味でかつて日常と地続きの恐怖を醸し出す道具として重宝したこれらは、いまや逆に自分とかかわりのない、得体の知れない存在としての恐怖を与えるアイテムに変わりつつある。これもまたリメディエイションの効果の一つであり、『ソングオブホラー』（EXNOA LLC. 2021）など新規タイトルでも採用されている（本作の舞台も90年代）。

デメイク（フィルタリング）

リメイクとは逆に、新しいゲームをあえてレトロ風に作りなおすのがデメイクだ。ゲームの場合ファンアートの一環としておこなわれることが多く、新規タイトルを制作するさいはしばしば「XX年代風」のフィルターがもちいられる。手法としては、映画内テレビ（『リング』）や映画内映画（『女優霊』）など、画面内の画面こそが恐怖の源泉であるというJホラー映画が得意としていた構造に近い。

図2 『SEPTEMBER 1999』のプレイ画面。本作の作者は「98Demake」、制作地はフィンランドと、本稿で述べたトレンドを象徴する作品だ。

しかし観客が登場人物に憑依し、彼／彼女らの恐怖をみずからに感染させる映画とはことなり（ノエル・キャロル『ホラーの哲学』フィルムアート社 ２０２２）、昨今のホラーゲームではプレイヤーが恐怖を直接引き受ける傾向が強まっている。そのあらわれである一人称視点アクションはいまやホラーゲームの主流となり、『LAYERS OF FEAR』（BLOOBER TEAM 2023）のようにアイテムを持つ手以外の主人公の身体が見えないことも珍しくない。つまりゲーム内世界とプレイヤーを隔てる「第四の壁」が透明化し、アバターと同じ視点で恐怖を生成するフィルター＝画面内画面を覗かざるをえない状況が生まれている。それがつみこ氏のいう「ＶＨＳ系」ゲームであり、『SEPTEMBER 1999』（98Demake 2018）や『The Backrooms 1998 - Found Footage Survival

Horror Game』(Steelkrill Studio 2022)が提供する90年代的な視覚――VHSや監視カメラを通した粗い解像度――が我々の目をジャックする。

リメイクとデメイク、二つの対極的な手法によって、ホラーはウロボロスのように永劫回帰し続けているのだ。

そして次の10年へ：需給バランスは変わるのか

プラットフォーム

最後に今後の動きを考えてみよう。その前に現在のホラーゲームをめぐる状況について簡単にまとめておく。ここまでみてきたとおり、この10年のホラーのトレンドは「拡散」と「回帰」だ。前者には多国籍化だけでなく、マルチプラットフォーム化とメディアの多様化という側面もある。現在、ゲームを供給する主要なプラットフォームは表2のようになっている。

このように、現在稼働しているサービスの多くはゼロ年代から10年代半ばにはすでに存在していた。PCやスマホ向けプラットフォームには、すでに家庭用機向けを大きく上回るタイトルが蓄積されており、それらがさらなる拡散を求めた先がNintendo SwitchやPS5だったのは必然

表2 2024年時点の主要プラットフォーム

プラットフォーム名	種別	発売／開設年
ふりーむ！（https://www.freem.ne.jp）	PC	2000
Steam（https://store.steampowered.com）	PC	2003
ゲームアーカイブス（PS3/PS Vita のみ）	家庭用	2006
App Store（https://appstore.com/）	スマホ	2008
Google Play（https://play.google.com/store/games）	スマホ	2008
ニンテンドーeショップ（Nintendo Switchのみ）	家庭用	2011
itch.io（https://itch.io）	PC	2013
PlayStation 4	家庭用	2014
Xbox One	家庭用	2014
Nintendo Switch	家庭用	2017
PlayStation 5	家庭用	2020
Xbox Series X/S	家庭用	2020

と言える。家庭用機向けに供給してきたメーカーにとっても、より普及したデバイスであるPCやスマホゲーム市場に進出するメリットは大きく、マルチプラットフォーム化はもはや標準になっている。

ゲーム実況の功罪

ゲームの拡散方法として今や最有力の手段の一つが、ガッチマンら人気実況者の存在だ。彼らがこぞってホラーに注力した結果、制作にまで影響を及ぼすようになったことはすでに述べた。ゲーム研究者のTonioloはYouTuberのサバイバルホラー実況にかんする論文の中で、これに対するゲーム業界からの対照的な反応を二つ引用している。

『Amnesia: The Dark Descent』（Frictional Games 2010）などで知られるゲームデザイ

ナーのGripは「インディーホラーゲームの人気はYouTubeに負うところが大きく、実況者がこうした低予算でより親密な体験のなかで自身が恐怖する姿を撮影することで人気が高まった」と両者の関係を肯定的に捉える。他方、90年代に開設されたゲーム開発にかんする老舗サイトGamasutra（現Game Developer）に掲載されたある投稿では、「みんながPew DiePieやMarkiplier（いずれも人気実況者）のような配信者に喜ばれるゲームを目指した結果、ホラーゲームの品質は急激に低下してしまった。これを作ったデザイナーたちは「ジャンプスケアはYouTubeでの視聴数を稼ぎ、それが自分の人気にもつながる」ということ以外、ホラーゲームのデザインについて何も知らないことがわかった。本当に緻密に作り込まれ、何かがおかしいと感じさせるようなホラーゲームを見ることはほとんどなくなってしまった」と両者の過度の依存関係に警鐘を鳴らす。

どちらかではなく、おそらく部分的には両者共に正しいのだろう。はたして２０２０年代後半のホラーゲームはこのジレンマを乗り越えられるだろうか。

10年を十数ページで駆け抜けたため網羅的にとはいかなかったが、筆者の目に映る大きなトレンドは以上のとおりだ。普段ゲームをされない方には情報量が多すぎたかもしれないが、気になった作品からはじめてみてほしい（itch.ioなどで無料で入手可能なものもある）。かくしてホラーは拡散し、新たな恐怖が回帰する。あなたもウロボロスの虜となるのだ。

澤村伊智　飯倉義之

6 汲めども尽きぬ「民俗ホラー」という土壌

澤村伊智《さわむらいち》
ホラー作家。1979年生まれ。大阪府出身。2015年『ぼぎわんが、来る』で日本ホラー小説大賞を受賞しデビュー。以後、多くの長編、短編を発表している。

飯倉義之《いいくらよしゆき》
國學院大學文学部日本文学科教授。1975年生まれ。千葉県出身。専門は口承文芸学、現代民俗論。怪談や妖怪にまつわる監修、著作も多く手掛けている。

閉鎖的な村に伝わる、奇妙でおどろおどろしい風習。過去の因縁による呪い。土着の邪教の神がもたらす祟り。村人たちが隠す秘密を知った都会人は、彼らの儀式の生贄《いけにえ》とされてしまう……。

もはやあらゆる媒体のホラー作品にて、常識となっている設定だ。小説、映画、漫画、そして実話怪談まで、ホラー要素を含んだエンターテインメントにおいて、むしろこれに類する設定や背景が皆無のものを探す方が難しいかもしれない。

また、そうした作品を評するとき、多くの人が「民俗学」「民俗学的」という言葉を口にする。だから本書では、「民俗ホラー」という用語を設定させてもらうことにしよう。実際、日本と同じようにこの設定が好きなイギリスでは「Folk Horror」という用語が一般に使用されている。どうも英語圏では近年、民俗ホラー作品を批評、研究するという機運が高まっているようだ。

批評家Adam Scovellの『Folk Horror: Hours Dreadful and Things Strange』（2017）は、イギリス（およびアメリカ）における民俗ホラーというジャンル文化を通覧した著作として評価されている。続いて、カナダのKier-La Janisseがドキュメンタリー映画『Woodlands Dark & Days Bewitched: A History of Folk Horror』（２０２１）を発表。映画史における民俗ホラーの流れを分析している。

一方の日本でも民俗ホラー的なるものは大人気だ。というより大人気すぎて、民俗ホラー要素を適用できる作品が大量に溢れかえってしまっているため、一ジャンルとして範囲を括ることが困難になっている。どういった作品形式なら民俗ホラーという分析概念が適用可能で、どうであれば不可能なのかを批評的に論じることは、あまり意味がないだろう。それよりも本章が意図しているのは、現代ホラー文化に親しむ我々が、いかに民俗ホラー的なものを好んでいるか、そうした興味を無意識のうちに孕んでいるか、いま一度見つめ直してみることにある。

その目的のため、ベストな布陣といえる二人をお招きした。

まず作家の澤村伊智氏。『ぼぎわんが、来る』（２０１５）以降、多くのホラー小説を発表しており、そのいくつかの作品群には民俗ホラーへの批評的な視線が見え隠れしている。それは地方や田舎に土俗ホラーを期待する、我々の歪んだ欲望を照射してもいるのだ。

そして國學院大學教授、飯倉義之氏。娯楽ホラーにおいて「民俗学」は便利なツールとして、アカデミズムと乖離した扱われ方をされがちだ。我々の通俗イメージとしての「民俗学」「民俗ホラー」がどのように表れているか、本職からの冷静なご指摘をいただきたい。

タブーと因習にまみれた村は、遠くの山中や離島ではなく、我々の心の中にあるのだ。

70年代の民話ブーム

澤村 すごく面倒くさい質問から始めますが、今回「土俗ホラー」ではなく「民俗ホラー」と呼ぶのはなぜですか。

吉田 一般的な通りの良さですね。「民俗ホラー」という言葉もそこまで一般的ではないですが。単純に民俗学的なホラーという風な言い方が、世間一般でよく使われている。正確さというよりは、キャッチーさというか世間の通りの良さを重視しました。

飯倉 「土俗」と「民俗」については僕も思うところがありまして。「土俗性」とか「土俗的な恐怖」と言った方が凄味がありますよね。民俗性というと「お祭りっていいものですよね」という平和な感じだったりしますし、民俗的な恐怖というと「カカシかなんかが動くのかな」といった軽いニュアンスになりますよね。それに、民俗学では「土俗」という言葉を嫌ってきた歴史があります。土俗という語には、そこに既に「これは遅れたもの、後進性があり、秘儀性がある」という評価が入って使われる場合が多いんですよね。そういったところから、学問としての民俗学は柳田國男以降、「土俗学」と言われると怒り出す人がいました。そのためにあまり使わなくなり、その結果、土俗という言葉をよく知らない人が増えたのかなっていう印象はありますね。

吉田 皆さんがエンタメで享受していくあり方としては、「土俗ホラー」の方がノリとしては合っているんですけどね。

澤村 ジャンルの話になりますが、ミステリーの場合は「民俗（学）ミステリー」などと呼びがちなんですよ。京極夏彦さんとか三津田信三さんなどが代表的な書き手と言っていいと思いますが。その辺の使い分けだと、ホラーはなぜか「土俗」と付くことが多く、ミステリーは「民俗」が付きがち。その使い分けが若干謎ではあるんですが。

吉田 今の日本の民俗ホラーって世間一般に言われているものも、やはりミステリーの方から出てきたのかなっていう印象はあります。

澤村 世間のこういうジャンルが好きな人が言う「土俗的な作品」って、角川が仕掛けた横溝正史映画に端を発すると考えていいんじゃないですかね。ああいうものが土俗的なんだよ、地方はああいう感じなんだよっていうのを印象付けたのが、あの映画群だと思うんです。キーワードとしては「因習」とか「祟りじゃ〜」っていう。後者は角川の市川崑監督作じゃなくて、松竹の野村芳太郎監督の作品ですけど。

　そういう意味では、横溝さんは一般的にはミステリー作家だから「ミステリーから始まった」と言っちゃっていいかもしれないですけどね。ただ同時に、「横溝正史から始まる」と言っちゃうのも違う気がするんですよね。正確には横溝正史原作の一連の映画が、土俗的なものってこうなんだよと知らしめた感じなので。

吉田 70年代の角川が仕掛けた横溝正史の再ブームですね。ちょうど国鉄の「ディスカバー・ジャパン」キャンペーンなども相まって、これが田舎です、古き良き日本です、我々が忘れた日本を再発見しましょう……みたいな機運が盛り上がりましたね。今に繋がるようなザシキワラシの一般化もその時代です。本来は岩手を中心とした東北地方の妖怪だったのに、日本全国どこだろうと子どもの妖怪・幽霊だったらザシキワラシとされちゃうようになった。やはり70年代のそういう状況から端を発している印象はありますね。

飯倉 横溝正史は、単に執筆当時の現在を書いているだけであって、ことさらに古い田舎を書いているわけじゃないんですよね。70年代になって小説内の「現実」と社会の「現実」がずれたことによって、横溝の小説世界が田舎の因習ホラーになってしまうんですよね。

実は民俗学の理解のされ方もこれと同じです。柳田國男の民俗学は「眼前の事実」を見る学問として始まりますが、その時の「眼前の事実」とは1930年代の「現実」なんですよね。戦後に柳田の弟子たちが大学で民俗学を教えるようになったとき、柳田先生のおっしゃっていたことをそのまま教える。そうすると30年代を現在として調べる学問を、戦後に教えていくことになる。ただ50年代、60年代はそこまでずれがなかったんですね。まだ東北地方の山奥などは電気が来ていないエリアも多かったですし、そこには戦前とあまり変わらない生活が残っていた。また学生たちも「うちの親父たちの代はこういうことやってたんだな」という風に理解できた。

でも70年代に入っていくと決定的にずれてきてしまう。農村でも子どもたちは家でテーブルと椅子でテレビアニメを見ている生活をしていることは無視して、民俗学は「囲炉裏《いろり》端《ばた》の昔話がどうの」とかばかり述べているんです。そうなってきたとき、「昔は囲炉裏で暮らしていた日本」というのが、私たちには全く想像もつかない、現在の生活水準と断絶した事象として改めて発見される。そんな生活がこの世界のどこかにまだ残されているような、取り残されて隔絶された田舎……みたいなイメージが出てくるのだと思います。そこに角川映画は上手く乗っかっていった。それが現在まで続く土俗ホラー、民俗ホラーの起点になっているところだと思いますね。

吉田 柳田國男の再ブームもやっぱり、当時の角川文庫によるものですね。

飯倉 柳田國男の文庫本は岩波文庫でも出ていましたけど、よく読まれたのはやはり角川文庫と新潮文庫ですかね。「ディスカバー・ジャパン」と同時期に、民話ブーム、民俗学ブームが来るんですね。あと民藝ブームも。古い日本っぽいものがいきなり再評価される。その頃、遠野の人たちは『遠野物語』の存在を忘れていたんですよ。柳田國男は『遠野物語』で実名を書いちゃったので、佐々木喜善には、これは遠野の人に見せて怒られたら困るから、あまり見せるなって言ってましたし（笑）。実名入りで「どこそこの家の娘は河童の子を産んだ」とか書いてあるので。

ディスカバー・ジャパンで『遠野物語』がブームになっていくんですが、遠野の観光課の課長さんが東京に陳情に来た時、役人から「遠野といえば『遠野物語』ですね」と言われて、「そうですね」ってとりあえず話を合わせて、その足で本屋に行って買って読む。それ見たら「うちの近所が載ってるじゃないか」「このブームに乗らない手はない」となって、そこから観光化が始まった、というエピソードがあります。

遠野の人にとっては『遠野物語』に書かれたものなんて、もう忘れ去られた過去だったんですよね。それが外側から再評価されたことにより、遠野が民話の里になっていく。

吉田 やっぱり生きている現実からは少しずれたものを再発見しているんですよ。良い方に再発見して、「河童とザシキワラシはお友達」みたいな感じでやっていくわけですけど。悪い話や怖い話だったりもしたのに。ツーリズムと町おこしが結びついたところがある。バリ島の「ケチャ」なども外部からの再発見で作られた新しい伝統ですが、それと似ていますよね。

飯倉 ディスカバー・ジャパンや民話ブームと同時期に、いわば裏面を走っているのがオカルトブームなので、これは連動しているんですよね。

吉田 すごく雑な説明ですけど、日本では高度経済成長が一息ついてオイルショックで一回立ち止まろうってことになり、現実的な利益よりも「ここではないどこか」の方に視点が向いていく。それはフォーク・ホラーの方も全く一緒で。イギリスもやっぱり七〇年代にもはやグレート・ブリテンではなくなってしまい、じゃあ我々の過去はなんだったんだろうと見直していく中でフォーク・ホラーが生まれた。そもそもイギリスと日本はホラー文化・怪談文化が非常に似ているところがありますけど、その面でもやっぱり軌を一にしているんだなという感じですね。

飯倉 イギリスと日本が似ている面で言えば、イギリスだとロンドン、日本だと大阪や東京や博多みたいな発展が集約された都市部と、放っておかれている田舎という対比がすごく出ているかと。ちょっと面白いなと思うのが、スコットランドが東北、アイルランドが沖縄に似ているんですね。

巨石文化でネッシーとかがいて謎の巨人が出るスコットランド、妖精文化でそこかしこに小さい遺跡があるアイルランドという。

日本におけるオカルトブームとディスカバー・ジャパンの原動力は、逃避行動なのではと思っています。当時オイルショックに端を発して公害とか交通戦争とか過疎とか自然破壊とか……。東京湾がヘドロでどろどろだった時期で、世界的にもノストラダムスの大予言が流行った時期でもあります。このままいくと核戦争が起きるか何かして、世界が滅びて人類が終わるっていう感覚がすごく流行るんですよね。

70年代は特に「人類はどう終わるのか」っていう予測がいっぱい書かれて、「このままいくと人口増加が食料増産を追い越して世界的な飢餓になる」とか「石油が枯渇して文明が滅びる」とか「アマゾンが刈り尽くされて酸素がなくなり工場で作るものになる」とか。

澤村　80年代にもそういう記事、学研の『○年の科学』で何度も読みましたよ。子ども心に怖かったです。さすが『ムー』の出版社というか（笑）。

飯倉　大局的にはオイルショックや米ソの睨み合いでいつ水爆が落ちるか、身近なところでは光化学スモッグでばたばた子どもが倒れる、ダンプカーに子どもがはねられる、受験戦争が……と様々な閉塞感があったんですよね。そこに「昔はよかった」が出てくるのが民話ブームなんです。物質的には何もなかったけど、人間としての豊かさがあったあの頃に戻りたい、という憧れ。

一方、まだ我々に可能性があると考えたい人はオカルトに走ったんじゃないかと思うんです。宇宙から助けが来るかもしれない、人間に超能力が目覚めて物質文明から離れられるかもしれない、地球はまだまだ広くてネッシーとかツチノコとかいるかもしれない……。

それらのいいとこ取りなのか悪いとこ取りなのか、「昔は怖かった」を出す民俗ホラーというジャンルがその合間に出てきたのかな、と。

吉田　そのちょっと前に秘境ブームみたいなのもありましたけど、やっぱりもう秘境は物理的になくなったのかな、という諦めとともに次に移っていった。本当に食人族みたいな部族が地方に住んでいるとは誰も思わないでしょうけど、もうないけどかつてあったような、というか本当は過去にもなかったんだけど「かつてあったとされる」ような、ここではないどこかの昔の日本っていうものを追い求めたのかなと。

澤村　その話をすると奇書ブームとか、サンカの話とかも関わってくるような気がしますが。

飯倉　サンカなんかはもう少し前のことで、もう70年代になると定住しない人っていうもの自体にリアリティがなくなってくる。50年代ぐらいのサンカブームっていうのはやっぱり、まだそういう非定住の人がチラホラいるんじゃなかろうかっていう残滓《ざんし》みたいなものがあったから、三角寛《みすみかん》の本とか売れたんでしょうね。

吉田　まだ本当にいるかもっていうノリですよね。『遠野物語』みたいな、かってあったかもしれないというより、本当に今でもまだサンカの人たちいるんじゃないのっていうリアリティを求めてのエンターテインメント。

飯倉　おそらく50年代ぐらいまでは、今とは違う意味での「住所不定の人」が生活できていたと思うんですよね。

吉田　そういったものは高度経済成長とともに消えていっちゃって。70年代に入り、色んな逃避の文化があった中で民俗ホラー、土俗的な怖さというものを追い求めるようになった。金田一耕助シリーズが映画化や文庫化をもとに若者たちに大ウケして、それが民俗ホラー、土俗ホラーのエンタメ化の現代に繋がる起点になったと。

90年代の「ホラー・ジャパネスク」勃興

吉田　もちろんそれ以降、新しい波が何もなかったわけではなくて、伝奇ホラーというものがその後、出てきますよね。いわゆる今の我々が想像する民俗ホラー的なものとはちょっと違いますけれども、まず伝奇みたいなジャンルがあり、そこから京極夏彦も出てきて、当時は伝奇ミステリーと呼ばれた。民俗ミステリーとも呼ばれていましたが。だんだんその中からミステリー要素が抜けたホラーの作品が出てきたという、本当にざっくり言うと民俗ホラー作品というのはそういう流れで出てきたのかなと思うんですけど。

澤村　それは多分、東雅夫さんが「ホラー・ジャパネスク」と形容するような作品群のことをいうんじゃないかと思うんですけど。坂東眞砂子『死国』とか『狗神《いぬがみ》』とかあの辺ですかね。

吉田　京極夏彦『姑獲鳥《うぶめ》の夏』が94年にあり、ちょうど小野不由美『東京異聞《とうけいいぶん》』も94年。小池真理子『墓地を見おろす家』はもう少し早い88年ですが。

澤村　『墓地を見おろす家』はどちらかというと「村ホラー」ですかね。

吉田　そうですね。ただ起こる現象が古事記の黄泉比良坂《よもつひらさか》みたいなところに材を取っていたりするのが、割と早い段階の民俗ホラー作品かなとは思うんですよ、今に繋がるような。

澤村　具体的な作品の話になると篠田節子『神鳥《イビス》』（1993）とか。

吉田　同じ篠田作品だと『聖域』（1994）の面もあったりして。ただやっぱり坂東眞砂子が一番、民俗ホラーっていう感じを世に打ち出した気はしますね。例えば国会図書館のデジタルコレクションで調べると「土俗ホラー」というワードは早い時期に出てきますが、「民俗ホラー」で出てくる最初は坂東眞砂子『山妣《やまはは》』。この96年の作品の書評で「民俗ホラーだ」と評されていますね。

あとは例えば小野不由美『屍鬼《しき》』。スティーヴン・キング『呪われた町』のオマージュですが、あれもやっぱりドロッとした閉鎖的な村のホラー。

澤村　モダンホラーの手法で書かれてはいるけれども、土俗性みたいなものを加えることで、我が国でモダンホラーをやるというのはこういうことかっていう成果が示された。

吉田　『屍鬼』が始まったのが98年で、99年にはもう岩井志麻子『ぼっけえ、きょうてえ』が日本ホラー小説大賞受賞ですね。あのインパクトもかなり大きかった。

澤村　だと思いますね。『ぼっけえ、きょうてえ』はその辺をわかりやすく提示したというか、作者の岩井さんは岡山出身で、それを積極的にアピールされていたので。

吉田　今、民俗ホラーのどこか閉鎖的な村っていうとたいてい、岡山県になりますからね（笑）。

澤村　津山三十人殺し事件もあるし。でも興味深いのは、エッセイやインタビュー等を読む限り、岩井さんご自身は地元では相当、浮いていたらしいんですよね。しかも現在は、東京の歌舞伎町に住んでいらっしゃる。要するに土俗的な価値観とは最初から距離を置いていて、おまけに都会でもとりわけ流動的なエリアにお住まいという。だからそういう意味では先ほどの話のように、土俗的なものというのは都会的な視点なしには浮かび上がってこないのかな、と。

吉田　『死国』もまさに東京から出戻ってきた人が主人公で、幼馴染の死を背景に色々起こりだすっていう話ですからね。

飯倉　土俗、民俗と呼びならわされる文化の中で生きている人にとってはそれが「普通のこと」なので、誰か部外者が見たときに初めて異常さとか恐怖とかが出てくる。例えば『食人族』の映画を見て戦慄するのは食べない側の人たちであって、食べる側の人が見たら「美味しそうだな」って思うグルメ映画にしかならないかもしれない（笑）。

民俗ホラーの村ホラー作品とかだと、民俗学者が首を突っ込んでいくところから始まったりする。旅人が出てきて彼が首を突っ込むということになるわけです。そういう設定自体の古さというのは、そもそも近世奇談集における「諸国一見の僧」とかがどこかに旅して不思議なことに首を突っ込んでいく……ということと根は同じなわけです。それを近代になって以降、おそらく意識的にやっているのは泉鏡花。『高野聖』では陸軍測量部の地図を持った旅僧と薬売、『夜叉ヶ池』では各地の伝説を集めている学者が奥地に入っていき、怪異に出会うんですよね。中央の教養を生きる近代人が奥地に入って、何か異常な土俗に触れて慄《おのの》く、っていうことは何百年も繰り返されてきたのだなというのがよくわかるんですよね。

吉田 今の世代にもかなり影響を与えている、竜騎士07『ひぐらしのなく頃に』（2002〜）なんかもそうですね。都会から来た人が巻き込まれていく物語構造。あとエンタメの世界でおそらく多大な影響を与えている諸星大二郎『妖怪ハンター』（1974〜）シリーズの稗田礼二郎なんかはまさに、考古学の先生で。

それからちょっと遅れて星野之宣『宗像教授伝奇考』（1990〜）という。あれはそれこそミステリーの手法ですよね。妖怪ハンターは本当に不思議なことが起こるんですけど、宗像教授のほうは不思議なことが起こるかと思いきやちゃんと現実的な説明がつく。第一話の巨人伝説だけは本当に巨人が出てきちゃいますが。

飯倉先生がおっしゃったような、学者が首を突っ込んでいって解釈していくという二大漫画シリーズですね。本当に不思議なことが起こる稗田礼二郎、科学的な説明がつく宗像教授という。

インターネットに発見された「田舎」

澤村 吉田さんがお詳しいと思いますけど、やっぱり民俗ホラー的なものに確実に影響を与えたものとして外せないのは、2ちゃんねるの「死ぬ程洒落にならない怖い話を集めてみない？」ですかね。

吉田　2ちゃんねるで「洒落怖」が始まったのが2000年。今挙げてきたようなきちんとしたエンターテインメント作品がかなり出揃って、広く読まれるようになり、それらに触れて育った人たちが洒落怖に入っていったのかと思います。怖い話を書くんだったらこういうフォーマットでしょ、お化けが出るなら田舎でしょ、という風に。
　篠田節子さん、坂東眞砂子さん、小野不由美さん、岩井志麻子さんらが苦労して、日本でホラーを書くにはどうしたらいいかと悪戦苦闘したのとは違って、こういうホラーのフォーマットで書けばいいんだろうって型を共有して書かれるようになった。

飯倉　そこから出てくるのが「くねくね」であり「杉沢村」であるっていうことですね。

吉田　杉沢村は青森県でもともとあった噂。いつからかは正確にはわからないですが、パソコン通信の時代よりも前からあったので、少なくとも80年代ぐらいから地元の噂としてはあったようです。それがパソコン通信やインターネットの登場とともに「うわ、これすごく面白いネタじゃん」と、日本全国の若者というと大げさですけど、パソコンに触れるような層の若者たちにわあっと広まった。それは「犬鳴村」も全く一緒ですね。70～80年代からあった噂ですけど、それが日本全国に広まり、ＩＴ黎明期のすごくホットな話題になったという点で共通している。やっぱりみんな、そういうものを欲していたんでしょうね。

飯倉　さらにここで「現実の村」離れを、もう一段階進めちゃったと思うんですよね。犬鳴村とか杉沢村とかの「現場」とされる場所に行ったことのある人たち、またはその周辺のローカルな地域の人たちは現実の「あの辺りの村ってあんな感じだよな」というのが皮膚感覚でわかっているんだろうけれど、その村どころか青森県や東北地方にすら行ったことのない人たちが、青森県の秘境の村をネットで探し始めたときには現実の「東北の寒村」の皮膚感覚的な理解はないはずですので、もうそれこそ何かの映画で見た怖い田舎の村のイメージをそのまま重ねていくことになったんだと思います。そうしたものを求めている人たちに向けて、ゲームの『SIREN』(2003)とかが作られていくわけですよね。

澤村 『SIREN』は大きかったですね。

吉田 私も人生を変えられたぐらいの衝撃を受けました。

澤村 『SIREN』は公式の解説本なんかを読むと、制作者が『妖怪ハンター』や「杉沢村伝説」からの影響を公言していますね。

飯倉 昭和の終わり頃まであった、「田舎の人が都会に出てきて都会人になる」という回路はもう機能しておらず、都会で数世代を経ているから、経験のない田舎の方が怖くなってしまっているんですよ。横溝正史の時代には田舎が怖いんじゃなくて「田舎には変な奴や変なしきたりがあるから怖いぞ」だったのが、もう「田舎は怖いぞ」にシフトしている。「田舎は村ぐるみで何か隠しているぞ」っていうことになっている。実話怪談のフォーマットでも「田舎の人はみんな知っているんだけどよそ者には教えてくれない何かがある」っていうような、そういう話が多くなっているのはありますね。

吉田　金田一シリーズだと別に一家とか一族ぐらいですもんね、グルになっているのは。だんだんエスカレートしていって、二宮正明『ガンニバル』（2018~2021）なんかはもうすごいことになっている（笑）。主人公は主人公でめちゃめちゃ暴力的で、その村をぶっ壊しちゃうっていう展開だったりもして。

批評的な視点も入って、だんだん複雑化しているんですかね。柳田國男や横溝正史が描いた「今ここにあるもの」がタイムスパンを置くことでなくなり、そこからロマンを持って享受されるようになった。それが柳田再ブームや横溝再ブームとなって日本人に受容され、そして伝奇ホラーのようなものが作られていって。それがさらに当たり前になっていくともう一捻り、民俗ホラーを怖がる様子をさらに外側から見るような流れになっているとは思うんですけど。

記号として消費される「田舎」

吉田　それこそ澤村さんの作品は、かなり意地悪に民俗ホラーというものを批評的に捉えている気がします。

澤村　どうなんですかね。僕が最初に書いたものは発表を前提としていなかったんです。だから一作目『ぼぎわんが、来る』は、自分の好きな土俗っぽいやつをやろうと無邪気に、無批判に書いたはずなんです。でも、なぜか主な舞台は都会、東京の上井草なんですよね。まあ上井草は東京のベッドタウンなので大都会とまでは言えませんが、いずれにしても地方が舞台ではなかった。

物語的に重要な場所として三重県が出てくるんですけど、あれは母方の祖母の実家があるから選んだんです。それともう一つ。僕は関西出身なので全くの見当違いではないはずですが、関西人が思い描く「周縁」って三重県なんですよ。東京の人にとっては多分、茨城あたりなのかな。

飯倉 関西に括っていいような、括りたくないような、ぎりぎりの地方が三重県だという感覚が僕にはある。はっきり言って、三重県をすごく舐めた態度ですよね。大阪中心主義というか。

澤村 和歌山、奈良は遠い関西だけど、三重は違うだろっていう(笑)。

さっきから三重県民に失礼なことばかり言っている自覚はあります。本当にすみません。でも、名古屋の元ヤンキーに直接聞いたことがあるんですが、彼らが夜景を見に行く時に登るのが三重の山らしいんですよ。外部ののど田舎扱いというか。

吉田 東海地方にとっても周縁の地。

澤村 愛知と三重って隣のくせに、山奥の絶景スポットだぞみたいな。本当は車が入っちゃいけないところまで車で登るんだって話を聞きました。

飯倉　やっぱり歴史的にも鈴鹿の関っていうのがポイントですもんね。あそこは土地を隔てるんですよ。鬼も出ますから、鈴鹿の関は。

澤村　話を戻すと、そんな風に書いた小説をいざ出版しましょう、継続して小説で商売しましょう、ってことになって自己批評したとき、最初は「民俗っぽいのがウケてるみたいだから、あんまり都会を舞台にしないほうがいいのかも」と思ったんですね。でも最終的に「じゃあ今度はあっちの地方の話にしましょう、その次はこっちの地方の話にしましょう」という路線にはいかないことに決めたんです。理由はよくわかりませんが、今思うとその判断は間違ってなかったのかなと。

吉田　『予言の島』（２０１９）や『ばくうどの悪夢』（２０２２）は、かなりストレートに民俗ホラー好きをメタメタにこきおろしている。

澤村　そうですね。どちらも「田舎はこうあるべきだ」って、はなから決めてかかる都会人の目線を茶化しまくったような小説なんですが。なんだろう……。最近は意外とマジで、みんな「田舎はああいうものだ」と思い始めているんじゃないかなっていうところがあって。横溝のような田舎であってほしい、現実の田舎なんてどうでもいいと思い始めている輩が現れつつあるんじゃないかという懸念はあるんですよね。

吉田　私は批評的・批判的な視点も昔よりは育っているのかなという気もしますけど、それとは

澤村　別に、70年代に「ザシキワラシっているんですか⁉」って遠野を訪ねた人たちよりもさらに加速して、ストレートに「怖い村」があると信じている人が増えてるんじゃないかと。

飯倉　例えば、「つけびの村」事件ってあったじゃないですか。事件のルポをお書きになった高橋ユキさんが苦言を呈していましたが、ああいう事件に真相そっちのけで「土俗の闇」を期待して群がるネット民が実際にいるんですよ。現実の事件を横溝映画、つまりフィクションと同列に消費している。

澤村　定期的にいろんな場所で起こりますよね。村八分だなんだっていうのをすごく強調して、炎上を楽しんでいる人たち。この分野だけのことじゃなくて、全般に情報、リテラシーなどの分断がものすごく進んでしまって、自分たちと同じ意見の人としか意見交換しなくなっちゃったのでどんどん加速していく。

吉田　それに対する危機感じゃないですけど、ちょっと一回、釘刺しとこうかなみたいなところはあるかもしれない。民俗ホラーが問題なんじゃなくて、民俗ホラーで描かれるカッコ付きの「地方」を、現実の地方に当てはめるのが問題なんだ、みたいな。こういうことを言うと「自分たちは現実とフィクションの区別くらい付けられる」って反論する人も絶対出てくるんですけど、「本当ですか？」っていう。

メディア側もちょっと煽っているところはありますからね。「村八分」っていう言葉なんかはウケるんですよね。私もミリオン出版でずっと仕事をもらっていましたので、絶対に

「タブー」は入れてください、「因習」は入れてくださいと言われてました。やっぱり海外の怖い話よりも、日本の怖い村、奇習、因習、タブーというものを入れてください、と。別に強制されたわけじゃないですよ。でもそれがウケるんだなあっていうのは、それこそ15年ぐらい前からずっと言われていましたね。

飯倉 実は昨日買って読んだ『実話ナックルズGOLDミステリー』の特集も「田舎の村の禁忌と奇習」でした（笑）。

吉田 そういう機運はミリオン出版やコアマガジンの雑誌などでずっと再生産されていましたね。

私も2013年に出した「おじろく・おばさ」のネット記事が、人生で一番バズったかな。私は風野春樹さんという精神科の先生の2003年の記事で知ったんですけど。一応それで元資料に当たり直して書いたものですね。

飯倉 民俗学プロパーからすると「あ、これみんな知らないんだ」くらいのそんなに珍しくなかった風習なんですけれどもね。長野は東北地方と同じく縦型社会なんですよね。関西は「宮座」のように同じぐらいの格の農民たちが仕切って村を運営していく構造の村落が多いんですけど、縦型の社会は本家が分家を従えて村落を運営していく社会で、下のほうの分家の人たちは本家に隷属して食べていくしかなくなるんですよね。

僕の後輩も「飼い殺し」っていう新潟の習俗、農家の次男以下が一生結婚しないで実家で過ごすという習俗を調べていました。ただ飼い殺しをやっていた人たちに聞いてみると

「別に遊ぶのは勝手にやるんだよ」って言われるそうで、恋愛禁止とかではない。要はフリーターなんですよね、家隷属のフリーターという感じで。おじろく・おばさも、捉え方としては奴隷労働をさせられていたみたいに取られていますが、そうじゃなく、本当に仕事がなくて他でも雇ってもらえないから、しょうがないからずっとそこにいただけなんだよっていう制度。身一つで外に出ていく次男、三男も多くいましたし。精神に異常をきたしたケースがあるのは、単にその家の環境が悪かったのでは、毒親だったのではと思っています。

ホラー漫画における民俗ホラー要素

飯倉 横溝あたりで作られたものが花開いていくのは90年代半ばぐらいの坂東眞砂子あたりだとして、その頃のホラー漫画のブーム、『サスペリア』とかには、田舎はほとんど出てこないと思うんですよね。

吉田 そうですね、だいたい都会の人間関係の中での日常が舞台。せいぜい、どこにあるのかわからない『ブラック・ジャック』の家みたいな、ゴシックの洋館みたいなのが出てくる程度。

澤村 強いて民俗的だとこじつけられるものがあったとしたら日野日出志。血筋というデリケートな話になっちゃいますが、民俗ホラーと親和性のあるものじゃないですか。

飯倉　『おろち』（1969～1970）など、横溝再ブームより少し前に出ていたホラー漫画はむしろそっち側だったと思うんですね。日野日出志さんもそうだし。

吉田　楳図かずおも、奈良の田舎の方の出身ですからね。『へび少女』のような山奥で過ごしていて。

　90年代は多分『なかよし』が少女漫画ホラーのブームを作っていたと思います。夏に別冊付録が必ず付いていて、それは全部、都市部の話だった記憶はあります。学校の中で起きたり、友達がやばい子だったりみたいな。

澤村　少女漫画のホラーとして、その路線は現在まで続いていますね。

吉田　今も『りぼん』連載中の『絶叫学級』シリーズ（2008～）は、完全にそういう人間関係のホラーですしね。

飯倉　もうちょっと年齢が上がっても同じかも。『ご近所の怖い噂』とか。

吉田　レディコミ系の系譜もそうですね。

澤村　分厚い誌面の中には、田舎に行ったらザシキワラシ的なのがいたという作品もあるにはあるんですけど、割合としては少ない感じがします。

飯倉　そう考えると村ホラーの購買層は、かなり男性寄りですよね。ミリオン出版もそうですし。秘境を引き継いだ村ホラーというのは、生贄をみんなでいたぶるとか、かなり性的な場面

吉田　が出てきやすいので、女性は遠ざけがちなのかな。
暴力性ですね。そういう意味ではサム・ペキンパーの『わらの犬』（1971）的なものを自覚的に取り込んだ『ガンニバル』も、民俗ホラーという歴史に批評的な作品なのかもしれない。

飯倉　『ガンニバル』の主人公はずっと自分が抑えていた暴力性が、人喰いの村に行くことで、抑えに抑えていたんだけどついに爆発する。それが逆に、やったぜ嬉しいという感覚なんですよね。『わらの犬』もまさにそうですし。実は文化系の男もずっと暴力衝動をどこかで発露させたいっていうのがある。しかも自分が悪いのではなく、こんなど田舎の怪しい奴らに散々ひどい目に遭わされたから仕方なくやり返すんだよっていう。言い訳を与えてくれる愉しさでもあるし、自分の暴力性の投影であったりもするんでしょうね。「ジャンプ＋」で連載している『筋肉島』（2022〜）では、都会のひょろひょろした研究者が筋肉島と呼ばれる所に行ったら、そこは全員、異常な筋トレをしている猛者たちの島だった。で、そこに取り込まれて自分も筋肉もりもりになって筋肉バトルを始めるという話です。

吉田　去勢されたと自分では感じている男性性を、秘境や土着の村に投影して取り戻したいっていう無意識の欲求があるんでしょうね。

澤村　男らしさを出す場が「村」になっているんですね。自分の『ばくうどの悪夢』という小説の前半は「関西の地元に帰ってきた中年男性が大活躍！」みたいな話になっていて。僕はお話を面白くするために書いただけのつもりですけど、あながちデタラメ書いているわけじゃなかったのかな。

飯倉　澤村さんの作品で出てくるのは「子どもを舐めるな、女を舐めるな」ですよね。村って、子どもや女を舐めまくっている制度なんですよ、基本的には。夏になると定期的に放送する『サマーウォーズ』（２００９）についても、必ず批判的な反応が出てくる。なんで男たちばっかり盛り上がって、女たちは「さあ、やるわよ」と台所でずっと飯を炊いてるんだ、と。家刀自《いえとじ》のお婆さんとヒロインの女の子でぼやかしてますけど、その地位に上り詰められる家刀自以外の女性は、全員制度の中でババを引かされるっていうのが村制度なので。

イギリスのフォーク・ホラー

吉田　Adam Scovellはフォーク・ホラーの定義について――まあ「定義できない」とも言ってますけど――ともかく大事な要素としていくつか挙げています。
　まずLandscapeだから「風景」。あとIsolation、分離というか「孤立」ですかね。そしてSkewed Morality、「歪んだ道徳」だと。イギリスに当てはめるなら、スコットランドみたいな風景の場所に住む人々が、我々とは違うキリスト教ではないペイガニズムに発する、生贄を捧げるような道徳を持っている。そこに主人公が迷い込んだり誘い込まれて隔離・分離させられる、っていうのが典型的なフォーク・ホラーだと。

だからというか、彼の書籍『Folk Horror』でも、ドキュメンタリー映画『A History of Folk Horror』でも、映画『ウィッカーマン』（１９７３）を、やはり一番の起点として捉えているところがあります。

Adam Scovellは「不浄な三位一体」（Unholy Trinity）という呼び名で、三つの映画を挙げています。『Witchfinder General』（１９６８）、「魔女狩り将軍」と訳せばいいのかな、日本では全然観られないので、よくわからない映画ですが。あとこれは日本でも販売されている『鮮血!!悪魔の爪』（The Blood on Satan's Claw, 1971）。そして『ウィッカーマン』です。

この3作がイギリスの、もしかしたらアメリカも含めてのフォーク・ホラーの基礎となっている。68年、71年、73年というのは、イギリスも日本と同じようにオイルショックなどで衰退し、精神世界的なもの、あるいはカウンターカルチャーに目が向いていた時代ですね。そして前2作を引き継いでさらに進化させた形で、『ウィッカーマン』という金字塔がある。確かに我々日本人にとっても海外の民俗ホラーというと『ウィッカーマン』が筆頭に挙がりますよね。

やはりイギリスがアメリカと違って日本と似ているのは、古代文化の痕跡が確かにあるところ。じゃあその文化をいまだに残している人たちがいるんじゃないのっていう。『ミッドサマー』（２０１９）はスカンジナビアですけど、ケルト信仰という点では同じ文化圏だし。

飯倉 文化復興運動の中で現代魔女のウィッチ運動などもあるので、むしろ取り戻したいっていう人たちがいるっていうのがリアリティを与えていますよね。ああいうものなんだなっていうのを、実際にビジュアルで知ることができる。

吉田 『ミッドサマー』や『ウィッカーマン』は、単なる悪役と違って向こうの言い分もあるみたいなところがありますね。主人公が決して絶対善ではなく、主人公も主人公でちょっと歪んでいる。誘い込まれ、迷い込んで、隔離される側の主人公も、現代社会ならではの問題を抱えており、村の人たちと対比させている。どっちが善か悪かではなくて対比するものとしてある。だから両作品とも、主人公が死んでもそんなに嫌な感じはしない。観ているうちにだんだん村人側に立ってしまう。

飯倉 不浄な三位一体だの歪んでいるだのと言っているけど、「あなたたちは毎週日曜日に神様の血を飲んで肉を食べてる人たちでしょ」っていうことでもあるんですよね。パンとワインのふりをしているけど。

吉田 だからAdam Scovellもあえて「不浄な三位一体」という挑発的な言葉を使ってるんでしょうけど。飯倉先生に聞きたいのは、やはり日本の土着、民俗、土俗ホラーで絶対出てくるのが「生贄」「人身御供《ひとみごくう》」ですよね。それとフォーク・ホラーのほうのサクリファイスとはニュアンスが違うのではないかという気がします。

飯倉　サクリファイスという時は、何か絶対的なものに対して捧げることによって共同体の維持とか、なんらかの見返りを求めるんです。逆に「人柱」という時は、人柱そのものが神になっていくんですよね。人柱は土手とか橋につけることが多いんですが、水神に生贄を捧げてそれによって工事しようというよりも、「水神が言うこと聞かないんだったらこっちは橋の神様を作っちゃうもんね」っていうシステムなんですよ。「橋の神様を作ってお前と対峙するから、これで対等だよね、橋できるよね」っていう、無理やり神様を作っちゃうシステムとして機能している場合が多い。だから橋の神様も祀らないと祟ってえらいことになるので、橋の神は橋姫とか怖い神様になっていく。どうも人身御供は単なる生贄じゃない。例えば沼の主が娘を欲しいっていう時、その娘を食べちゃうのかと思いきや夫婦になって娘も神になったりする。生贄システムではなく、神様作りシステムなんだろう。となるとそんなに被害者でもない。

とてつもなく強い邪悪なもの、というのを心のどこかで信じていないと、「生贄村」みたいなのはなかなか出てこないんじゃないか。日本の場合は『牛首村』（２０２２）の話のように、お腹がすいたから人間を牛だと偽って食べた、というほうがまだリアリティがある。

吉田　それは翻っていえば、日本には強大な唯一神がいないからそれに対する強大な悪もいない。

飯倉　非キリスト教のペイガニズムという、キリスト教徒が考える強大な悪の神様もいない。大きな強いものに守られていると、大きな強いものと同じくらい大きな強くて悪いものが怖くなる。そういう絶対者はいなくて、ちっちゃい自分勝手なモノがいっぱいいるというのがアジア的な感じですね。そうなると、あっちのヤクザが怖いからこっちのヤクザに守ってもらおう、みたいな話になる。

吉田　ペイガニズムって異教だ異教だって言っているけど、つまりはキリスト教の裏返しの異教である。多神教ではなくて向こう側も絶対唯一神みたいな世界観だと、結局は鏡、自分たちの姿の投影っていうことになりますよね。

飯倉　だからユダヤ教徒が一番、恐れられるんだと思うんですよね。システム的に同じことをやっている異教なので。教義的にはご先祖様なんだから仲良くしろよ、って傍から見ていると思っちゃうんですけども。

吉田　ラヴクラフトのコズミック・ホラーも、あれもあれでフォーク・ホラー的な側面もあって。『ダンウィッチの怪』（１９２９）も『インスマウスの影』（１９３６）も、変な田舎の村に迷い込んで行ったら異教・邪教を信じる人たちだったという。

澤村　ラヴクラフトの場合、これは人の論文の受け売りですけど、進化論の恐怖があったんじゃないかという説は読んだことがありますね。人間がサルから進化したんだったら、人間がサルに退化することもあるだろうっていう。下等な生き物になってしまう恐怖をラヴクラフトは書いていたんじゃないかっていう仮説ですね。

吉田 アンチ進化論っていうのはそもそも心霊科学とかスピリチュアリズムの興《おこ》りとしてあったりしますからね。

澤村 ラヴクラフトは自分が野蛮な種族の血を引いていたって話を繰り返し書いていますね。『壁のなかの鼠』（1924）とか『潜み棲む恐怖』（1923）とかもね。それはラヴクラフト個人の家系の問題もある。他人ごとじゃなかったからこそ書いたっぽいところもあるんですけど。

吉田 当時、他の小説家仲間にも大衆にもウケたっていうのは、やっぱりそういう恐怖心っていうのをみんな共有していたんでしょうね。第二次世界大戦へ突き進んでいくような時代ですけど。

また共同体的な恐怖っていう風にシフトしていくと、シャーリイ・ジャクスンになるのかな、と。自分の血だったり他の奴らが汚れた血を持っているというよりは、今のヒトコワ怪談に近いような。『くじ』（1949）は村の因習もので、かつ深読みすると村の共同体を維持するために犠牲を作ってうまく回している、良くはないんだけどある意味で合理的なシステムとしてある。『ずっとお城で暮らしてる』（1962）もそうですし。

そしてスティーヴン・キングになると、大体インディアンの墓地跡で悪いことが起こる。

インディアンの墓地を掘り返したから、開発したからだろうってていうのは、『シャイニング』（1977）も『ペット・セマタリー』（1983）もそうだし。それが当時の人々の恐怖心にばっちり合ったんでしょうけど、でもそれは全部嘘で、インディアンの墓地を掘り返してどうのこうのというトラブルは当時の現実世界ではなかったわけですね。

澤村 映画『悪魔の棲む家』（1979）で有名なアミティヴィル事件の影響も大きい。ニューヨーク郊外のすごくいい家を、殺人の起きた事故物件だからと格安で買った家族がいて、幽霊が出た、悪霊が出たということで大変な目に遭った。その体験談を書籍化した『アミティヴィルの恐怖』（1977）が大ヒットし、世間の注目を集める。そこで霊能者の言ったインディアン墓地の上に建てたからだっていう説明が一気に広まるんですね。でもそれは事実には反する。ロジャー・クラーク『幽霊とは何か』（2012）によると、ハンス・ホルツァーという日本の中岡俊哉みたいな人が出張ってきて、「ここはインディアンの墓地だったんだ」って断言しちゃった。

吉田 日本と一緒ですね。それっぽいことを言う人がいるんですね。ハンス・ホルツァーのなじみの霊媒師がシネコック族の酋長の霊と交信して、確かめたらしいんですけど（笑）。まあおそらくその当時、インディアンの埋葬地だからお前のところで祟りが起きてるんだよっていうのは、民間の霊能者のお決まりの文句であったんでしょうね。

『A History of Folk Horror』でも語られていますが、ちょうどスティーヴン・キングが『ペット・セマタリー』を書いていた頃は、ジミー・カーター大統領の人種融和政策として、先住民の人たちに土地を与える、これまでの差別的な待遇をもうちょっと緩和していくっていう方向にアメリカ社会が舵を切っていた段階だった。『トウモロコシ畑の子供たち』（1977）もそうですけど、やっぱり先住民の人たちの土地を奪ったという罪悪感がちょうどその頃に大衆に表面化していき、ホラーの題材になったっていうところはあるのではないか。そこは日本にはあまりないというか、もっとすごい古代のまつろわぬ民といったタイムスパンになっちゃうのかもしれないですけど。

飯倉　伝奇ホラーとか伝奇小説ですね。半村良の『石の血脈』（1971）とかあの辺りになってくると、それらが古代の超テクノロジーとか宇宙人の技術とかいう言説と混じり合っていき、海外のピラミッドパワーとか色んなものとごちゃ混ぜになってしまう。そこがあのジャンルの面白さだったと思うんですよね。

吉田　日本でアイヌであったり琉球であったりがホラーの題材にはあまりならない。

飯倉　やっぱり「日本人は単一民族」という神話が強くて、何者かを抑圧して国家を作ったんだっていうことと向き合い始めるのが近年なので。おそらく今、そういう主題が出始めてきているところですよね。『ゴールデンカムイ』（2014～2022）のヒットもその文脈だと思うんですけどね。あと琉球怪談もけっこう掘り出されるようになって、怪談の一ジャンルを占めていますし。

吉田 小原猛さんとかですね。ご当地怪談がここ数年ブームになっていって。あのウケがいいっていうのは、みんな自分たちの土地、あるいは馴染みのある土地の隠された秘密や歴史、まだきちんと解決されていない過去というものに、はっきり向き合うというよりは怪談として触れたいっていうところがあるんでしょうね。

飯倉 郷土史でも「不思議な話」とか「秘話」とかっていうのは売れ筋ではあったんですよね。でも郷土史家の人がやるとなると、郷土の価値を下げるようなことはやらなかったりするので、そこまで危ない話は載らないいんですけど。まあ怪談だとその辺、忖度がわりとないものなので。

「田舎」から離れ始めた民俗ホラー

飯倉 民俗学の現場にいると逆説的に、もうフォークなんかないっていうのはよくわかることなんです。都市民俗学ということを言っていたのが、70年代から80年代までだったんですね。その後、都市民俗学って言わなくなるのは、もう都市じゃない所がなくなっちゃったからなんですよ。地理的には辺鄙《へんぴ》でも、そこに住んでいる人は全員スマホ使って、テレビの大リーグの生中継で大谷を応援して、もはや都市とは地理的にしか変わらなくなっているので。

澤村 そうですね。均一化されちゃったっていう。仕事で子守唄について調べたことがありますが、民俗共同体で歌い継がれる子守唄なんて、とっくの昔に無くなっている。

飯倉 だから、地方に独特の風習が残っていて、それを掘り起こして、かつての日本文化を探ろうというような形の民俗学は成り立たない。もう、とどめを刺されてから30年40年経っているので。

吉田 残っているとしたら、もう外部の目線から、これは文化だから残そうとして残しているだけ。

飯倉 それはまたそれで新しいステージに行ったっていうことになるわけですけど。そこだけの特別な何か、例えば、特別な伝統的な発酵食品を作れる技術を伝えているお婆ちゃんとかもいますよ。でもそのお婆ちゃんも、多分それを作り終わったら、軽トラに乗ってセブンイレブン行ってお惣菜とか当たり前に買っているんですよ。そうなっている中で、隔絶した――さっき言っていた孤立性とか――そういったものを担保するような伝承などは、もうないんだなって実感します。そういう時代に生きていると、みんなが一つのことを信じられる村なんてあったら、逆に素晴らしいじゃないかと思っちゃいますけどね(笑)。

吉田 よそ者を何人か殺してたとしても(笑)。

澤村 ちょっとジャンルがずれちゃいますけど、有名な民俗学ミステリーの舞台ってたいてい昭

飯倉 和20年代なんですよね。でも昭和20年代というのもけっこう曲者というか。要するに、戦争が終わって土俗的なものが一度全部壊れたから、逆に書けるっていうことなんですよね。

澤村 そうですよね。戦争がすごいのは、一生外国なんか行かないはずの人を、大量に外国に送り込んだということなんですよね。だからもう自分たちの集落では当たり前のこととして暮らしていたのが、よそに行ったら当たり前じゃないんだっていうのを何段階もたたき込まれる。まず軍隊の集団生活でたたき込まれ、外国でたたき込まれ、そうやって死に物狂いで戦って、いざ帰ってきたら、まだこんなことやってるんだ、となる。歴史的事実としては戦後に新興宗教が出てきて、それは要するになんちゃって土俗というか、そういう土俗の表層を借りて、いわゆる土俗的なものを全く信じられなくなった人々のところに、ひゅっと入り込んで栄えたという。

土屋隆夫というミステリー作家が昭和33年の作品『天狗の面』（1958）でその辺りのことを書いています。戦後の長野の寒村で、村外れに住む孤独なお婆さんが急に「天狗様を祀るぞ」って言い出す。天狗っていういかにも土俗的で由緒ありげなものを勝手に祀り始め、信者を増やし、やがて政治家が票集めのためにすり寄ってくるほど勢力を拡大する。その会合の場で密室殺人が起こり……っていう話なんですけど。僕は最初にこれを読んだ時、「土俗的だなあ」と思ったんですよ。あとがきで作者が説明してくれていたので、大きな勘違いだとすぐ気づけたんですけど。同時に、現代の民俗学ミステリーが昭和20年

飯倉 代にスポットを当てる理由がわかって、なるほどなって思ったんですよね。

戦後の新宗教と言われるようなものは、壊れてしまったコミュニティの代替物っていう側面もありますね。まさにホラーな、村的な集団に近い心持ちを教団に持つわけですよね。

吉田 カルトっていうものは因習村と並んでフォーク・ホラーの題材にもなっている。『ミッドサマー』は因習村でもありカルト教団の集落でもあるわけですし。それこそ都市を舞台にしたフォーク・ホラー的作品だったらラヴクラフトしかり、大体カルト集団が出てくる。

田舎にあるとされてきた、隔離された歪んだ因習を持っている共同体というものは、別に都会にあってもおかしくはないですよね。ドラマ『サンクチュアリ』(2023)のような相撲界だったり、歌舞伎の梨園だったり。まさに我々が考える民俗ホラーの怖さと同質じゃないですか。実際どうかはわからないですけど、民俗ホラー的に「あそこの世界はこういう怖さがあるからな」というイメージが投影されがちではありますね。

飯倉 ブラック企業なんかもそうですしね。いじめ物が流行るのもおそらくそこで、謎のルールっていうものを押し付けられる理不尽さ。別に田舎に行かなくても、ルールの違う所って普通にあるので。

吉田 だんだん都市の方にも舞台が移っていくという流れはありますね。最初はもちろん田舎の因習村みたいなのが出てくるんだけど、都市の方にも侵食してきて、都市で怖いことが起こるっていう流れがあって、それこそ映画『チルドレン・オブ・ザ・コーン』(1984)

は第一作と二作は田舎ですけど、三作目は『アーバン・ハーベスト』（１９９５）でシカゴに行きますからね、トウモロコシの邪教が。

澤村 僕がそういった土俗、民俗的な話を若干書きづらく感じてしまうのは、僕が地方出身者だからなのかなとは思うんですけど、それ以上にニュータウン出身だからなのかなとも思うんですね。コンビニもないような田舎だったけど、だからって別に土着的ではないしなっていう。

吉田 ニュータウンなりの嫌な感じはありますよね。ちょっと前だったら、団地の嫌さっていうものが民俗ホラーの舞台になっていた。それこそ田舎から都会にフォーク・ホラー的な村が移ってきたことの象徴というか。

映画『キャンディマン』（１９９２）は、まさに低所得者層の黒人たちの団地でキャンディマンという都市伝説が流行る。しかも都市伝説だから完全にアーバンな話かというとそうではなく、まず奴隷時代のキューバやタヒチなどのフォークとも結びついていて、っていう話ですから。日本でも団地ホラーはちょっと前までロケ地が団地だった『仄暗い水の底から』（映画版　２００２）や『クロユリ団地』（２０１３）などがありましたけど、最近はどうだろう。『ぼぎわんが、来る』の舞台は。

澤村 マンションですね。続編『ずうのめ人形』（２０１６）では、クライマックスの舞台の一つが汐留のタワーマンション。

吉田　背筋さんの『近畿地方のある場所について』（2023）にも団地が出てきましたね。

飯倉　そういう団地とか長屋とかを博物館の展示の中に取り入れ始めるのが、90年代後半なんですよね。坂東眞砂子さんらが活躍していた時代に、団地や長屋の生活が古いものになり、昔のもの、つまり非日常になり始めた。それから20年30年たって、今やホラーの題材になるという新陳代謝の繰り返しが見えますね。

吉田　次はニュータウンでしょうね。

澤村　そうですね。ニュータウンの衰退は目の当たりにしているので。僕の実家もだいぶ過疎化しています。子ども世代は全員出ていっちゃうから。ごく一部、再生しているところもあるにはあるんですけど。

吉田　私も八王子の田舎の団地出身で、その後はニュータウンで育ってますから。どちらももう今、限界集落みたいになっています。閉塞した因習の村っていう感じではないんですけど、独特の閉鎖感、温室みたいなぬるい閉塞感があるんですよね。

澤村　人工的に作った街がどんどん駄目になっていく感じ。路面は街路樹の根っこが伸びたせいでデコボコだし、公園は誰も使わないから雑草だらけだし、人間にとって都合良く加工された、郊外の「自然と調和した街」が、ガチの自然に浸食されていく、どこか教訓的な感じがありますね。

飯倉　ニュータウンって、よそ者が中に入らない道の作り方をしていますよね。そのせいで寂れていく。

車とかで間違って入っちゃうと、「知らん車が入ってきたぞ」と見られるあの感じ。

吉田 本来は道が繋がっていないと、人の住む街としてはあまりよろしくないのかもしれないですよね。まさに因習村。いやでも実際そうですよ、空き巣とかもけっこう発生していますし。今の因習村はニュータウンですよね。ただ全くもって村人同士の結束はないですけどね。

飯倉 僕は千葉県佐倉市出身なんですけど、実家の前がかなり大きい畑だったんですよ。でも地主のお爺ちゃんが亡くなったら、畑を売って家をたくさん建てたんですね。そこで建てられた家は全部、今まである家に向かって背中を向けていたんです。建つまでは当たり前に道のほうに向かって家が建つんだろうと思っていたんですが、できてみたら区画に入り口を複数作って、全部の家の玄関をそれまでの道と逆側に作ったんです。だから真向いなのに新住民とは接点がなくて、誰が住んでいるかもわからないんですよね。うわあ、そう作るんだ、これって住みやすいのかな、と思ったんですけどね。

吉田 そういうことですよね。単純な距離の遠近ではない。昔からの町の隣にあろうと隔絶、アイソレーションされる。その隔絶感というのは、タワマンの最上階とも被るかもしれないですね。もはやタワマンも因習村扱いされているのかな。窓際三等兵、麻布競馬場らが書くタワマン文学も、土着ではないけれど閉鎖的な共同体独特の歪んだ道徳を描いていますし。実際にはああいうタワマンはないんでしょうけど、あるかもしれないと思いたい。

澤村 その場の住民たちに謎の結束が求められてしまうんですかね。フィクションとしてでもあってほしいというか。

吉田 あってほしい。「こんなタワマンあったら絶対、嫌だ!」って言いながら、実は心の底ではあったほうが嬉しい。ひどいタワマンがあって、そこでひどい目に遭う人たちを見るのが面白いという意味では、民俗ホラーと重なりますね。

もっと広く取れば「こういう東京って嫌だ、でもそういう東京が見たい」というので描かれる東京だって、実際の東京ではない。『東京カレンダー』が提示するような幻想の東京であり、幻想の港区女子たち。そこでは東京もフォーク・ホラーの舞台になっている。

拡張する民俗ホラー

吉田 70年代を起点として連綿と民俗ホラーやフォーク・ホラーとみなされる作品は発表され続けているんですが、英米でフォーク・ホラーが注目を集めたのはここ最近、2010年代後半みたいですね。『ミッドサマー』のヒットでフォーク・ホラーという言葉が一般の人にも広まった。そもそもこの言葉が現在の意味として使われるようになったのも、2010年のBBCのドキュメンタリー『A History of Horror』で使われてからと新しい。

もちろんフォーク・ホラーなんて単純な言葉なので、昔からあることはあるでしょう。

澤村　ただ、今の感覚で使われて世間に広まり、一般人もジャンル用語として使うようになったのが2010年代以降だとしたら、かなり新しい概念ですよね。それこそ最初に土俗ホラーか民俗ホラーかと話しましたが、日本でも別に用語として定着しているわけではない。作品はたくさんあるけど、それを括るジャンル概念っていうのは、まだしっかり形成はされていないのかなって気がします。

飯倉　ネットでは「因習村」という単語をよく見かけますけれど、それぐらいじゃないですか。むしろ日本では映画よりも漫画のほうで先行したかもしれないですね。映画よりも少ない予算でできるし、思いついたアイデアをすぐに生かせて、今だとネットで描いて自身で発表することもできるので。

吉田　かたやフォーク・ホラー的な小説って、イギリスよりもアメリカが思い浮かぶのも不思議ですよね。シャーリイ・ジャクスン、ラヴクラフト、スティーヴン・キング。イギリスにもたくさんいるんでしょうけど。それほど小説マニアじゃない人が知っているものというと、アメリカの作家ばかりなのかな。イギリスだとちょっと古いですがM・R・ジェイムズだったりA・ブラックウッドあたりが、フォーク・ホラーの映画やテレビ作品の原作だったり参照元になっている。

飯倉　ラヴクラフトもアーサー・マッケンとか読んでますしね。

澤村　マッケンはそれこそキリスト教以前の神、『パンの大神』とか。『白い粉薬のはなし』とかはサバト、悪魔崇拝が絡んできますね。厳密には「キリスト教によって悪魔と定義された古の存在」ですが。

吉田 そうですね。日本も小説が頑張っていましたけど、漫画っていう産業が大きいので、そっちが目立つところがありますね。まあ日本ではそもそも、ジャンル概念として括ろうっていう気運があまりないかもしれません。

飯倉 その括り方をすることで何が見えてくるのか、もしくはセールス的に何かいいことがあるのかっていうと、まだ発見できていないかもしれないですね。都市伝説やネットロアの分析の中では「どんどん田舎で怖いことが起きる方向になってるね」という傾向は指摘されましたけれども、そこ止まりでした。それをやっている間に、ネットロアではもうみんなの関心が「きさらぎ駅」や「異世界エレベーター」など、異世界のほうに行ってしまったので。

吉田 今回、色々な側面から話してきましたけど、民俗ホラー、フォーク・ホラーというものは結局、ジャンルとしての確定は難しいですよね。

それはもうAdam Scovellも「きちんとジャンルとして確定するのは無理だ、音楽の様式みたいなことだと思ってくれ」という身も蓋もないことを言って匙を投げていますからね。色んなものが複雑に雑多にあるし、でも確かに、何となくフォーク・ホラーってこういうものかなっていう感覚としてはあるような気もする。だけどうまく言語化はできない。

飯倉　音楽で喩えると、特定の旋律とか楽器とかがある程度重なるとフォーク音楽かな、とは感じますけど、一つ一つは他の色んな様式に繋がっている。だからその系譜だけ追っていくと、どんどん拡散してしまい、つかみどころがなくなる……っていう感じですかね。

澤村　まさにこの話し合いのような感じですね。あれともこれとも繋がっていくんだな、となってきて。

吉田　『A History of Folk Horror』では「フォーク・ホラーの構造や機能はそれぞれ違います。だってそれぞれの国で作られていますから」「一つのまとまったジャンルとして完全に機能しているわけではなくて、より複雑な方向に拡散する中で相互関連しているだけです」という最終的な結論にしている。それはもう民俗ホラーというジャンル概念は無理だという結論ですよね。

飯倉　それだけにあれもこれも取り込みやすい。民俗ホラーとして説明できる関連性が指摘できるところをその作品に見つけてしまったら、それはその時点で民俗ホラー作品になってしまうということですね。

寺内康太郎

心霊ビデオ研究会

7

ほんとにあった！心霊ドキュメンタリーの世界

寺《てら》内《うち》康《こう》太《た》郎《ろう》

映画監督、脚本家。１９７５年生まれ。大阪府出身。心霊ドキュメンタリー作品をはじめ、映画、テレビ、YouTubeなどで数多くのホラー作品を監督・演出している。

心霊《しんれい》ビデオ研究会《けんきゅうかい》

心霊ドキュメンタリーをこよなく愛する、ハスノミライ、ふぢのやまい、田川勉の3人による同人サークル。２０２１年に評論誌『霊障』を創刊。


「心霊ドキュメンタリー」とは、「心霊映像」のサブジャンルの一つだと定義しておこう。

なにも幽霊が撮影された映像だけが心霊映像ではない。その怪現象は視覚に限らず音声でもいいし、奇妙な技術的不具合でもいいし、または収録されるべきものが映っていない（音が聞こえていない）ケースでもいい。とにかく不可思議な超常現象が起こったと見なされる映像全般が心霊映像である。とりあえずは心霊写真の動画版とだけ捉えてもらっても構わない。

そんな心霊映像への、制作スタッフからの様々なアプローチを見せるのが心霊ドキュメンタリーだ。投稿された心霊映像を収集して再編集し、そうした映像がなぜ撮られたかを検証したり、スタッフ自身までもが怪現象に見舞われる、といった様子がまた映像作品として描かれていく。

これらの行為は「検証」と呼ばれる。つまり心霊ドキュメンタリーとは、心霊映像そのものだけでなく、それに対する検証も含めて楽しむジャンル概念なのだ。

そのため必然的にドキュメンタリー形式がとられるし、対外的には映像内の出来事はすべてノンフィクションとして提示される。ただし「膨大な数の心霊ドキュメンタリー各作品において、不可思議な現象が複数回にわたって必ず発生し、それらが全て映像で記録されている」ことは、常識的に考えて事実とは受け取りがたい。体験者の体験談を取材する実話怪談（コミュニケーション行為であって客観的事実の記録行為ではない）とは、そのスタンスが決定的に異なるのだ。

客観的事実を記録する映像媒体にて超常現象を描く以上、また商業娯楽作品でもある以上、それらは限りなく劇映画に近くなっていく。大多数の視聴者は心霊ドキュメンタリー作品をフェイクドキュメンタリーと見なしているし、おそらく制作サイドも（公言はしないが）その状況を理解しているのだろうと察せられる。

虚実の境を曖昧にしたまま、様々な手法で不可思議な映像を見せていく。しかも心霊映像パートと検証パートとの入れ子構造を幾重にも入り組ませながら。こうした複雑玄妙な形式性は、海外の類似ジャンルにはあまり見られない。心霊ドキュメンタリーは、２０００年代以降の日本において独自の発展を遂げた映像ジャンルなのだ。一般社会からは低俗な文化と蔑まれながら、しかし一部のマニアたちの毒々しい情熱に支えられながら……。

今回登場するのは、心霊ドキュメンタリーの枠組みを批評的に再構築する作品を数多く撮り続けている寺内康太郎氏。そして当該ジャンルを日本で最も研究している「心霊ビデオ研究会」のメンバー。心霊ドキュメンタリーという異形のホラー文化について、初心者向けではありつつもマニアックな情熱をほとばしらせながら語ってもらった。

心霊ドキュメンタリーの歴史

吉田　まず心霊ドキュメンタリーの歴史について、心霊ビデオ研究会さんにお伺いしたいんですけども、やっぱり『ほんとにあった！呪いのビデオ』（以下『ほん呪』）から始まるというのが一般論ですか。

心ビ研　そうですね。『ほん呪』から始まったと、私たちとしては一旦規定しています。

1999年8月22日に『ほん呪』の一作目が出たんです。当時その裏側で、アメリカで『ブレア・ウィッチ・プロジェクト』が公開されていましたが、日本公開は12月なので、ファウンド・フッテージもの、投稿された映像を見るというスタイルは確かに『ほん呪』も早かった。

もともと源流としては『邪願霊』などがあるんですが、『ほん呪』は『邪願霊』と違い、取材をするというパートがちゃんと入っている。そこが明確な違いであり、心霊ドキュメンタリーの本当のスタートはやはり99年8月です。

吉田　フェイクドキュメンタリーと銘打っておらず、本当の投稿映像なのですよ、という形式も重要ですね。その後の二十数年の歴史はどうなっていくのでしょうか。

心ビ研　そこからクリエイティブアクザ制作や田川幹太監督などの、心霊スポットを探索するドキュメンタリー作品も途中で入ってきたりするんですけど。①投稿映像を見て、②取材をして、③これはこうなんじゃないかと検証していく、というのは『ほん呪』だけ、という期間がだいぶ続きます。そしてレンタルビデオ店のニーズとマッチして『ほん呪』が売れていくうち、他の会社も儲かると判断したんでしょう。08年～09年あたりに雑誌の付録DVDとして投稿系作品が発表されるようになります。そのすぐ後にアムモ98とかマジカルとか、色々なビデオ制作会社が似たようなスタイルを真似し始めるわけですよね。アムモ98の代表作『Not Found』シリーズが始まったのが2011年。ちょうど『ほん呪』が夏の三部作によって注目を集めていた時期と重なります。児玉和土監督が『ほん呪』と並行して別会社で『封印映像』シリーズを始めたのも2010年です。そして2010年代後半になると、十影堂という制作会社がまた大量に投稿系作品を出すようになる。

とはいえ制作会社の総数となると、おそらく10社前後くらいでしょうね。

吉田 なるほど。『ほん呪』的なもののフォロワーが、2000年代後半からポツポツと出始め、2010年代からは、『ほん呪』出身の監督たちがいろいろ個性を出してやってきた歴史があると思います。寺内さんもそうだし、白石晃士監督もそう。もっとも白石監督は『オカルト』（2009）から心霊ドキュメンタリーの枠組みに入らない作品を作っているわけですが。そういった2010年代の流れがある。

心ビ研 例えば私たちが作った心霊ビデオ批評誌『霊障』に出ていただいた児玉監督は、『封印映像』に最初から携わり、2012年に『闇動画』シリーズを開始、本編が25本作られる。スピンオフ『心霊闇動画』に児玉さんが関わっているかどうかはわかりませんが、とにかくシリーズはずっと続いている。

他にも坂本一雪監督、岩澤宏樹監督など、やはり『ほん呪』を起源としてディレクターさんたちが枝分かれしていった印象があります。

吉田 そして2020年代に入ると、ゾゾゾなどのYouTuberが非常に力を付けてくる。ゾゾゾであったり他の心霊系YouTuberは、心霊ドキュメンタリー・心霊ビデオのジャンルとして含めるという考え方ですか。

心ビ研 私たちとしては、ゾゾゾに関しては心霊ドキュメンタリーではないと考えます。投稿映像が入り、それを検証していくというスタイルではないので。ゾゾゾの場合は、自分たちが現場に行くスタイルという、80年代のオカルト・バラエティ番組の流れを汲んでいるものだと思います。

吉田 心霊ドキュメンタリーの定義をどう考えていますか。

心ビ研 『霊障』で鈴木潤さんが書いてくださった論文にもあるんですけど、レンタルビデオという形式が非常に関わっているのではないか、と。ゾゾゾでも「もうこれほとんど心霊ドキュメンタリーじゃん」というものはあるんですけど、それは映像の内容で決められるものではない。やはりレンタルビデオ店などの公共の場で借りられる、こういうパッケージングされたソフトである……という状況が大事、そういった下部構造で規定される面が大きいのではないでしょうか。

吉田 配信は、正確には心霊ドキュメンタリー・心霊ビデオには含まれないと。

心ビ研 そうですね。含まれなくなるグラデーションがちょっと強くなる、という言い方ですかね。

吉田 翻って内容面で言えば、これは絶対の定義じゃないかもしれないですが、まず投稿者が投稿してきた、心霊的な現象が起きたとおぼしき映像があること。それも一般人が撮った、いわゆるホームビデオである。商業的に撮った映像作品も含まれるが、いずれにせよ意図的に霊を撮ろうとした映像ではない。

第一段階としては、そのような投稿された映像が紹介される。次に、制作会社がその映像を検証するパートがある。という二段構えのものが心霊ドキュメンタリーであって、投稿映像だけだと、それは心霊ドキュメンタリーとは呼べない。

心ビ研 そこは難しいですね……。ただやはり「検証」が入るという構造自体が、映像史的に見ても日本だけではないか、と。もちろん海外にもそういったものはありますが、これだけ量産され続けている、もうジャンルとして形式が確立しているのは日本だけである。

海外の場合はファウンド・フッテージと呼ばれる、『ブレア・ウィッチ・プロジェクト』や、初期だと『食人族』に代表されるようなスタイルです。広義の意味ではフェイクドキュメンタリーですが、そのサブジャンルとしてファウンド・フッテージがある。この映像スタイルについての研究書も複数出ているんですが、特に検証パートは入っていないんです。こういう映像が発見された、こういった事情から放送することはできなかったけど、それを流しますのでご覧ください、で終わりなんです。ただその映像を見せるだけのスタイル。

吉田　日本の心霊ドキュメンタリーをその形式に当てはめようとすると、広義ではフェイクドキュメンタリーになるかもしれないけど、正確にはどこにも属せないような気がするので、そうすると本当に独立した一ジャンルとしてあるのではないかと思います。『食人族』はいちおう検証パート的な、こんな映像が発見されましたよという会議室みたいなシーンはありますけどね。誰があの場でカメラ回してるんだよというパートが。ただ、そこがメインとしてある映像ジャンルは、確かに海外ではほぼないですよね。『ブレア・ウィッチ・プロジェクト』や『スナッフ』ではファウンド・フッテージされた映像をそのまま見せる。制作会社のプロモーションとして、メディアやインターネットに「本当の話なんですよ、こんなことがあったんですよ」という形式に沿った情報を流すことはある。

しかし投稿映像の外部での検証を映像作品の中に落とし込むという入れ子構造は、日本の心霊ドキュメンタリーの特色である。『ほん呪』第一作はまさに検証パートから始まるのが、非常に象徴的です。まだ若い坊主頭の中村義洋が、制作会社の事務所で「こんな変な映像があるぞ……」とか言いつつ編集機で巻き戻したりするシーンから始まっている。一見、投稿映像を流しているだけの時間でも「おわかりいただけただろうか」という中村さんのナレーションが入る。そうしたナレーションのSE（Sound Effect、効果音）があるというのは、つまり外部が存在していることが映像内で示されていることになる。

他にも、もう一回巻き戻したり、何回もリプレイしたりする時点で、誰かがその投稿映像をいじって編集して、視聴者にきちんとわからせようとしているのだ、という外部の存在が明示されている。「おわかりいただけただろうか」というナレーションはギャグ扱いされることが多いですけど、すごく複雑な構造であることを理解してもらいたい。そうですよね、寺内さん。

寺内 一旦、レンタルビデオというパッケージを脇に置いておくと、『ほん呪』以前にも、テレビ放送では心霊写真などを実際に検証してみましょう、現場に行ってみましょう、といった検証パートがある番組は存在していましたよね。それは心霊ドキュメンタリーという概念になるのか、それとも違うのか。

心ビ研 その話題がこの鼎談で上がるだろうなと、色々考えてきたんですけど……。確かに昔、東映ビデオから出ている、鶴田法男監督が関わっている映像がありましたね。

寺内 そうです、ありました。清水崇監督も関わっていましたよね、もう既にあの頃の時点で。あれはビデオかつ心霊ドキュメンタリーですね。

心ビ研　『ほんとにあった怖い話』（1991）のビデオ版の流れで、鶴田監督が撮っていた作品ですね。その前にも中岡俊哉さんが『霊界からのメッセージ～恐怖の心霊写真～』で、自分の本で紹介した心霊写真をナレーション付きで紹介するというビデオを出していたんです。それが92年なんですけど、その流れの裏で『ほんとにあった怖い話』のヒットがあり、鶴田監督が映像化していて、その流れで出たのが96年からの『真霊ビデオ』シリーズ。
　ただ心霊写真という広い意味での心霊映像ではありますが、検証というより「断定」なんですね。「これはこういう霊だ、だから供養する」という話になる。

吉田　中岡俊哉イズムですね。

心ビ研　完全に中岡俊哉の流れを汲んでいる。でも心霊ドキュメンタリーは、そういう「断定」はしないんですよ。「……とでもいうのだろうか」というナレーションに象徴的なように曖昧なんですよ。これはこういう幽霊、これは生霊、とは解説しない。起こった現象に対して、客観的に調査して、こういうことがわかった……という提示で終わるんです。

吉田　だから私は、実話怪談の発生と並走しているのかなと思うんです。実話怪談が90年代の『新耳袋』『「超」怖い話』から始まったとして、それまでの中岡俊哉に代表されるような、いわゆる心霊主義――これはこういう現象なんだ、地縛霊なんだ、だからこう供養すれば解決するんだ――という断定の仕方を避けて、体験をそのまま提示するのが特徴だった。それは地縛霊だという見解も示さないし、そもそも幽霊なのかどうかすら明言しない、とにかく体験者Aさんが旅館に泊まっていたら人の形をした何かに出遭う体験をした、それで終わり……という提示の仕方である。

『ほん呪』は、こういう映像があるんだからしょうがない、これを見せますというだけ。その外部の状況だったり、どういう環境で撮影されたのか、こんなところに白い女の影が映るわけないよね、といった検証はするが、推測による主義主張はしない。やはり実話怪談の立場と非常に似ています。言ってみれば実話怪談と心霊ドキュメンタリーは兄弟のような感じで生まれたのかな、と。

そして世間から蔑まれたのも同じ。低俗なジャンルとして軽視され続けて、でも同時に強烈なマニアもついてきて、しかし様々な成果を21世紀に入って花開かせていったという意味でも、非常に似ていると思います。

心ビ研　『オカルト番組はなぜ消えたのか』という本でも書かれていますが、90年代の宜保（愛子）さんの番組だと、大槻（義彦）教授が出てきてインチキだって批判するじゃないですか。そのやりとり、断定する霊能者と、批判する批評者が同じ空間にいることによって、批判によってエンターテインメント化している仕組みがある。心霊ドキュメンタリーにはそれがない。テレビ局の同じスタジオ内でやり合うみたいなエンターテインメントはないわけです。そういう意味でも心霊ドキュメンタリーはテレビの心霊バラエティ番組とちょっと違うと思うんですよね。

吉田　そうですね。媒体が違うからこそ、内容面においても異なってくる。霊が映った映像なのか否かについて、どう扱うかのスタンスも変わってくるということですよね。先ほど実話怪談と心霊ドキュメンタリーが兄弟のような存在と言いましたが、あったものはあったままに提示するというスタンスは非常に似ている。ただ、そこから個々の成果が花開くうちに、だんだん離れていった、どんどん違うものになっていったというのが私の印象です。

「幽霊を映そう」という試み

吉田　心霊ドキュメンタリーは対外的な形式としては、やはり心霊を映像に収めることを第一義とする。そのスタンスについてはすこぶる心霊科学的・心霊主義的な考え方からきている。19世紀後半からアメリカ、イギリスを中心に流行した心霊主義・心霊科学とは、魂などの霊的現象が科学的に実証できるはずだ、あの世とこの世とでコンタクトが取れるはずだ、という考えのもとに興った運動です。

　ただ試しに科学的アプローチをしてみたら、自然科学で実証するのは無理だとすぐに判明。アカデミズムからは早々に諦められたけれど、その後もアカデミズム以外のところではゆるゆるとずっと残っている。そういった心霊主義、霊は実証的に解明できるという立場の最たるものが、心霊ドキュメンタリーであるとも言えるわけです。

霊を映像で映すということは結局、物質として存在することの客観的証拠を残すということですから、実話怪談の立場とは真逆です。実話怪談は物証を求めず、あくまで体験者の体験談を語りなおすという立場ですから。本質が違うのだから、出発点は同じでも進んでいくうちにどんどん別方向にいかざるをえない。

心霊ドキュメンタリーの制作者たちが、霊を映像に残すというスタンスを大まじめにやっているのだとしたら、すごく心霊主義的です。まあ私と心霊ビデオ研究会の立場では、フェイク映像を作っているという前提で語らせていただいているのですが。寺内さんとしては、フェイクかフェイクじゃないかは抜きにして、霊を映像に残すという立場は一体どういうものと考えていますか。

寺内 制作者側として言わせてもらえば、「霊を映したい」というスタンスを掲げている会社、作風というのはあまりないのかなと思います。要はあくまでも、こういった変なものが映ったんですけども……というところからスタートして、じゃあそれは一体なんなのだろうかということを映像化して描く。僕はそれが心霊ドキュメンタリーなのだと捉えています。最近の心霊スポットに行っているYouTuberさんたちは、幽霊を自分たちで映してそれを配信したい、という考え方を持っているかもしれませんが。かつて稲川淳二さんが現場に行っていたのもそういうことではないでしょうか。

吉田 『稲川淳二 恐怖の現場』は、定義としては心霊ドキュメンタリーではない。稲川さんが現場で語る様子を映す、怪談ドキュメンタリーではあるけれど。

寺内　北野誠さんや松原タニシさんもそうですよね。要は自分たちで、幽霊を映そうとする自分たちの姿を撮る。心霊ドキュメンタリーはあくまでも、自分たちから霊に対して寄っていくわけではない。集まってきた映像に対して、このような違う立場から見ていますと提示する。我々が信じているか否かというより、あくまで客観的な立場で見ているということを示すのが誠実なスタイルだとは思っています。「半信半疑」なら半信半疑のまま、本当だなと思えば本当だろうということで作品として描く。それが一般のお客さんからは「嘘だろう」と見えるかもしれなくても。あくまで僕の考えではありますが。

吉田　宜保愛子から稲川淳二の『恐怖の現場』に連なっていく流れが、心霊ドキュメンタリーではなく怪談ドキュメンタリーだと捉えています。その現場でリアルタイムに、今そこにいる霊に関して語っていく。リアルタイムといえども一応、体験談です。私が見たもの体験したものを体験談として語っている。「寒かったでしょう、つらかったでしょう」「今、私が救ってあげるから」と、宜保さんだけが見えている霊に寄り添ってあげて、成仏させてあげる様子もまた、宜保さんのナラティブとして口で語っているだけです。その様子を撮影クルーが映像に収めている。だからあれは心霊ではなく怪談なんですよね。その後の心霊ドキュメンタリーとは拠って立つところが全く違う。宜保さんのビデオ商品は「心霊ビデオ」と銘打っていたけど怪談ビデオなんです。

そこをさらに発展させたのが『稲川淳二 恐怖の現場』。あのシリーズはどこにも幽霊なんて映らないんですよ。変な光の点とか、変な音とかは録れますが、明らかに超常現象ではない。虫や埃の反射だったり遠くの車の走行音でしょ、と視聴者としても思う。逆に言うと、だからヤラセは一切していないというのがわかる。では何がその作品の面白さを担保しているかというと、稲川さんの語り。

例えば第一作「秩父湖の吊り橋」の回。稲川さんがカメラも連れず一人で吊り橋の奥のほうに行き、戻ってきてから「こんな霊を見た、霊とこんな話をした」と泣きながら熱く語る超名作の回があるんです。つまりメインは映像ではなく語りとしての怪談なんですよ。それが怪談ドキュメンタリー。やはり稲川淳二や宜保愛子みたいな、すごいタレント性と実力を持っている人じゃないと成立しないので難しい。その意味で言えば『北野誠のお前らいくな。』やゾゾゾも同じ枠組みに入るかな。ただ北野さんとゾゾゾさんは断定はしません。変な音が聞こえたけどあれはなんだろう、もしかしたら霊かなという解釈はするけど、「自分には見えた」「あれはこうなのだ」という断定はしない。そこは決定的に違いますけれども。

寺内 そうですね、心霊番組と銘打っていますけど「怪談」ですね。今やっている人たちも怪談YouTuberというのが本来、正しいかもしれないですね。

「リアル」から離れた心霊ドキュメンタリー

寺内　僕は2000年代半ばから本格的にこの業界に入った人間なのでその前を知らないのですが、当時既に、あれが本物かどうかなどを語り合うのをタブー視する風潮はあった。どこかグレーにするというか。その禁忌はスタッフ側に言われたわけじゃなくて、世間が作ったムード。心霊ビデオに対するお約束事として、もう既にそうなっていたんです。

吉田　2000年代半ばには、もう既に視聴者側も、これ本当とか嘘とかけんけん言うのやめようよっていう風潮が出ていた。喩えとして適切ではないですが、プロレスのファンと同じような立場になっている。

寺内　そんなあたたかいものじゃなく、結構辛辣な感じの印象でしたね、当時は。まあレビュー場所が2ちゃんねるしかなかったっていうのもあるんですけど（笑）。
　ひたすら怖いねという感覚にどっぷりはまる人、もしくはそれをバカにする人、それを嘘だと言いながら楽しんでいる人みたいな分かれ方はあったけど、基本的には何をやっても色物扱いで。心霊ビデオ研究会さんみたいな人たちが早くからいたら、また違った語られ方をされたのかもしれません。

吉田　それこそ白石晃士監督は、早いうちから完全にフェイクドキュメンタリーと銘打ってやっていました。2005年『ノロイ』の段階ではフェイクと銘打っていませんが、2009年『オカルト』の時点で完全にジャンプしている。未来に行ったりとか、地獄の映像テープを入手したりとか、もう誰がどう見てもフェイクでしかありえない内容。そもそもフェイクとして見てくださいという大前提になっている。

それと関係しているかどうかはともかく、2010年代には他の監督作品でも、もうそれはフェイクじゃないとありえないよなという印象を受ける心霊ドキュメンタリーが花開いていくわけです。その話はまた後でするとして、やはり今見返してみると『ほん呪』初期の1・2・3はものすごくリアルなんですよね。片隅にちょっとだけ影が映っているだけとか。それが今となっては逆にすごく新鮮に感じました。当時を思い返すと、やはり私も本当の映像かなと多少信じていましたしね。だからその後の2010年代の心霊ドキュメンタリー作品、白石監督作品ほどではなくとも多少フェイクであることをあからさまにするノリとはだいぶ違って、本当に信じさせようとしていたのではないか。こういう言い方をしたらいけないのかもしれませんが、制作者側も本当に視聴者を信じさせようとしていた、そんなノリを感じます。

心ビ研　『ほん呪』の最初の3作に関して、同作のマニアであるBase Ball Bearの小出祐介さんがnoteにまとめているんですが、「もはや恐怖ではなくノスタルジーが非常に強い」と。今見ると確かに学校の放課後の様子だったり掃除用具だったり、めちゃめちゃノスタルジーを感じる。

ただ話が逆になるんですけど、NewJeansっていうK‐POPグループのプロモーションビデオで、すごく凝った90年代ホームビデオ風の映像（「Ditto」）がある。それが韓国人や日本の若い子たちにはすごく懐かしいといった評判だったのに、日本の少し歳のいったファンが最初に見た時、「心霊ビデオっぽくて怖い」という反応が多かったんですね。

つまり90年代の表現に対して、心霊ビデオ系表現を一切通っていない若者たちは、岩井俊二的なもの、庵野秀明の『ラブ&ポップ』的なノリを遡って感じて、懐かしい・エモいみたいな感覚を受ける。それに対して、実際にその時代を通った上の世代は、心霊ビデオ的なフィルターを見てしまい、作られたリアルさを感じてちょっと怖い・不気味っぽく見えてしまうという、逆転現象が起きている。心霊ドキュメンタリー作品は、初期から怖いとは別にちょっとしたエモさを担保しているところがある。最近の作品を色々と見ていると、そういうエモさとどう対抗するか、エモくなりすぎると怖くなくなってしまうことをどう処理していくか、を感じます。フィルムを使ったものや、画質にいい具合のボケ味が出ると、一気にエモいプロモーションビデオっぽくなってしまう。全体的にいえばスマホの画質が良くなりすぎて、呪いの映像っぽさがなくなってくる。そんな中、どうやって画質の悪さを打ち出すかっていうところが近年の課題となっているのではないか。

あとは「もやもや」みたいなノイズの乗りが怖いものだというコードが若者に埋め込ま

れているから怖いと思うのかと。でもVHSネイティブからしたら、16対9のデジタル撮影なのにアナログノイズが乗るってどういうことだよ、ブロックノイズのはずだろって思う時もあります。デジタルなのにアナログノイズが乗っている動画を見て、若い人たちは素直に怖がっているのがちょっと信じられなかったりして。児玉監督はちゃんとそういうところに配慮していて、デジタル映像で撮られたものはブロックノイズを出しています。

寺内　ノイズについて言わせてもらうと、VHSを一度デジタル化する間に、デジタルテープに一回変換してからパソコンに入れる場合は、アナログノイズとブロックノイズが混入する事態はありえます。これ、もう一つ上の目線なんですけど。技術的に、途中のデジタル化でデジタルノイズが挟まることもあるので。これが混在したらぜんぶ嘘っていうのは少し甘い目線。僕は、なぜかアナログなのにブロックノイズが入ったり、その逆だったりするのもまたリアリティだと思いながら見ているんです。どういう手法でデジタル化したかの経緯の足跡が残っている。ノイズは二本線かブロックかの単純な話ではない。これは今後もっと複雑になっていくでしょう。

吉田　確かにメタ視点として、この人はこういうコピーの仕方をしたんだなっていう物語も、言外に語っているという。いずれにせよ、ノイズというものが怖いという感覚はありますよね。生得的なものか事後的なものかはともかくとして。ただ本来の心霊映像とは、霊的なものが映像になるべく鮮明に映ることが目的だったはず。それなのに映像が欠損している

心ビ研　ことが心霊的な怖さであるっていう、ちょっと歪んだ有り様になってるのは面白いですね。歪んだ視点といえば、例えばドローンの映像もそうだし、近年の作品では、ルンバですね。ルンバ視点の『ほん呪』作品は99巻に収録されている「ロボット掃除機」か。『呪われた心霊動画XXX』の最後の警告映像も、画質がやばい映像が出てくるんですけど、それは異世界に行ってしまったとか、呪いに取り込まれた末に残された物であって、「霊障的な力によって悪い画質になっています」といった言い訳が必要になってしまった。

現代でいい具合の「呪いのビデオ」らしさが獲得できる視点っていうのが、監視カメラであり、ドラレコなんですよ。それらを使った映像が今ものすごく増えている。車にまつわる映像をまとめた『本当に映った！　恐怖のドライブ投稿動画　２０２２　20連発』なる作品もあります。なんとかして平坦な、誰の作為もない画面、エモを全くまとわない画面にすることに、すごく腐心して頑張っているなと感じます。

吉田　心霊投稿映像は作為のないものであるべきじゃないですか。監視カメラが一つの定番になったのはそこですよね。まさに寺内さんも『監死カメラ』というタイトルのシリーズを制作していますし。

ああいう作為のない、人間の撮影者がいない映像こそが、客観的な自然現象を捉えられるんだっていう考え方ですね。写真技術が発明された時も、人間の目では意図が入ってしまうけど、カメラ・オブスクラであれば自然現象を客観的に捉えられると思ったのと同じ発想。それが真の「客観」かどうかは厳密には違うんですが、そういう発想が起こるのは不自然ではない。監視カメラやルンバなど、まさに意図がないところに映っているから、これはリアルに幽霊が映ったんじゃないのかと感じやすい。

心霊ドキュメンタリー初期の2000年代における「ホームビデオ」も、そういった意図がない映像に近い。今はもうSNSや動画配信の世の中ですから、他人に見られること前提で、制作者側と同じスタンスで撮影することが多くなってしまっている。ホームビデオはもっと無垢な映像だったし、また当時の日本は世界一のホームビデオ大国でしたから。そんな日本において『加トちゃんケンちゃんごきげんテレビ』のホームビデオのコーナーが生まれ、そこから『ほん呪』が生まれたのはむべなるかな、ということですね。

そのときにみんなが思ったのは、ホームビデオは見せられてるだけで面白いんですよね、加トちゃんケンちゃんもそうですけど、『ほん呪』も。初期の心霊現象ってどこに映っているのか、初見ではほとんどわからないくらいささやかだったのに。

スマホがもたらした心霊動画の変容

寺内 iPhone4ぐらいで一気にスマホに流れたのが、たぶん2010年ぐらい。そこから確かに、心霊ビデオがちょっと変わっていきましたね。

心ビ研　90年代から2000年代初頭の投稿映像って、やはり特権的瞬間なんです。お誕生日会とか、地震の瞬間に撮られたものとか。特別な瞬間の映像だったものが、どんどんなんでもない日常の瞬間へと移行していく。

吉田　なぜカメラを回しているかの理由付けが、2000年代までは必要でした。旅行中とか演劇のリハーサルを撮っているとか、何かの目的があった。私が面白いなと思った理由は「蟹が送られてきたから」。家族で蟹食べるときに、せっかくだからビデオを回しているという（笑）。ただそういった理由付けは、2010年代から必要がなくなっていきます。

心ビ研　『ポケモンGO』していたら心霊が映っちゃったという作品（『ほん呪』75巻収録「GPS機能」）もあるので、だいぶ特別じゃなくなってしまった。最近の寺内さんの『呪いの黙示録』では、かばんの中に入れっぱなしになったスマホから撮影されていたもの（『呪いの黙示録　第六章』収録「誤作動」）もあった。もう誰が撮っているか以前に、撮っている瞬間ですらない。

寺内　偶然録画されてたというだけの感じ。誰もが持ち歩いてるもんね、録画のデバイスを。

吉田　それもやっぱり、意図のない映像っていうことですよね。撮影への意図がどんどん希薄になればなるほどいい。フロイトによる人間の無意識の発見のような「映像の無意識の発見」は、おそらくビデオというものの普及が大きかっただろうと思うんですよね。

大森さんとの章でも話しましたが、「テレビゴースト」というものが発見されるようになったのは、つまりビデオが普及してからである。それまでテレビは一過性の流れていくものだったので、そこに幽霊を発見しづらかった。76年に生首の掛け軸の目が動いたとかいう事例があったりはしますけど、やはりビデオ録画による「岡田有希子の幽霊騒ぎ」がテレビゴーストの転換点じゃないかと。

そして心霊ドキュメンタリーの制作者たちがそれをさらに逆手に取って、自分たちでそのフェイクを作る、という流れだったんじゃないですかね。２０００年代の終わりまではそのような有り様だったかと。

心ビ研 以前に吉田さんが、現代はスマホで大量の写真が撮られているのに、なぜ心霊写真が少なくなったかと話されていましたが、それは写真を見返さなくなったからだ、と。スマホで撮ってサムネイルで見て、あとはもうめったに見返さない。

今の視覚的無意識の話も、見返す行為が必要ですよね。ホームビデオも旅行や誕生日など特別なものだったから、家族で集まって見返すという作業があった。今のＳＮＳはタイムラインでどんどん流れていくし、Instagramのストーリーはすぐ消えてしまう。見返さないでもわかるように、幽霊もどんどん目立つように出てこないと駄目なわけですよね。

吉田 ただし現代的な救済手段として、配信映像に大量の視聴者がいて、誰かが気づくという流れもある。それを意識的にやったのが、ニコニコ生放送で90回ぐらい配信をやった寺内さんの『境界カメラ』。あれはある意味、心霊ドキュメンタリーの極北に行ったなと。見返せないし、私もチャンネル登録して全編見ようとはしましたが途中で挫折しました。もちろんＤＶＤ４巻は全て視聴しましたが、ＤＶＤはあくまで総集編ですからね。

寺内 心霊映像についても、配信を見ている人からの報告がなければ、たとえ何か起きていたとしてもスルーされてしまうという。

心ビ研 ニコニコ動画の心霊ムーブメントは独特ですね。視聴者と盛り上げている感じですけど、閉じた世界なので、そこで何か盛り上がっていてもGoogle検索では出てこない。ホラーチャンネルもたくさんありますし、ニコニコ動画だけの世界ができている感じがします。

フェイクかリアルかの二択化

吉田 あくまで私個人の意見ですが、２０１０年以降は、もうフェイクをフェイクとしてやっちゃっていいんだっていうノリ。それに視聴者側と共犯関係として、もうこのフェイク具合を楽しもうよっていうところで、もちろんフェイクの度合いは、白石監督のようにぶっ飛んでいるのもあれば、あくまでディレクターとアシスタントが喧嘩するぐらいのリアルな、でもたぶんプロレスなんだろうなと思いながら見るものもある。グラデーションはたくさんあるけれど、とはいえ私個人の感想からすると、いわゆるフェイクをフェイクとして見せる方向に『ほん呪』の本家本元含め、だんだん振り切っていったなっていう印象で間違いないですか。

心ビ研　逆に、つまりリアル方面をハードコアに振り切っているものも結構あるっていう印象があって、それこそ『闇動画』もそうなんですけど、アメリカのホラー映画配信専門サイトShudderで話題になった『Skinamarink』があります。完全にフィックスで、監視カメラ映像をそのまま延々流す、でもそれに何が映ったのかはもうわからない。このじっと何かを見せ続けられる雰囲気が怖い。それはもう極北というか、何も起こってなくてもいいとすら言える次元なんですよね。

寺内さんにも、ひたすらずっとフィックスで映している作品ありましたよね。

寺内　『立入禁止●REC』ですね。

心ビ研　本当にあれこそ客観的な、監視カメラ的な視点じゃないですか。海外のフェイクドキュメンタリー系の書籍では「フライ・オン・ザ・ウォール」という学術用語がちゃんとできているぐらいで。壁の蝿。本当に客観的な視点を見せるための手法という意味ですね。その表現の極北が『立入禁止●REC』でもあって。多少のナレーションはありますけど、ひたすらそこの廃工場に来る人を俯瞰して見ているだけ。

寺内　そうですね、何一つ検証とか解説とかせずに、淡々と事実を映すという。たぶん当時は何かが色々起こって盛り上がっていく、というのを一切やめようという空気があって誕生した……という経緯だと思うので、そんな時代だったんでしょう。

あそこで心がけたのは、怖いことが起こるということだけじゃなくて、そもそもあんなところに入る人って変な人だよねということだったり。それこそ吉田さんが言うような映像の無意識。それをちゃんと見せるには、ただ怖いことだけを意識的に、連続的に見せるものって、もう無意識ではなくなってしまう。逆に、何も起きていないという状態をいかに取り込むか。猫が来たということもそうだし、はっきり言ってあの映像内で心霊的な現象というのは、ほぼほぼ起こっていない。

吉田 2010年だから、相当早い時期ですね。

心ビ研 あとは児玉監督の『闇動画』の「邪教」。導入部のリアリティが面白い。心霊スポットに若者3人が入っていく話なんですけど、最初は車の中でヤンチャな若者がうわーって叫んでいる、その音から始まるんですよ。投稿されてきた映像が長いから、ここからブツ切りで始めたのかなという制作者の意図も窺えるから楽しいんですね。かといって廃墟に入る時ちゃんと柵を開けて入るのを描く、そこでジャンプしないのもうまい。

3人で一回建物の中に入り、気持ち悪いものがあるけど、何も起きないから外に戻る。でもまた仲間らしき人影に呼ばれたから、同じ廃墟にもう一度入らないといけない。せっかく怖いところから出てきたのに、また入っていかないといけない怖さが面白いな、と。また音の使い方も、例えば歩いていたら、上から音が聞こえるねとなって、でも上階に行っても何もない。音で人物たちを動かしていくっていうのが非常にうまい。

吉田　そうした構成や仕掛けの部分では「邪教」が一つの到達点なのかな。

心ビ研　我々が『霊障』でなぜ児玉監督をお呼びしたのかという話になるんですけど。児玉監督はもともとは大学院でジャン・ユスターシュを研究していて。ジャン・ユスターシュというのは映画においてリアルとは何か、口語的な表現とは何かみたいなところをものすごく突き詰めた作家なんですね。そこに興味を持っていた人が『ほん呪』に参加し、『闇動画』を制作した。本当に霊が映っているかどうかは一回置いといて、リアルとは、本当の心霊ビデオとは、という見せ方をすごく考えてた人だったんですね。白石監督のリアルの担保の仕方とはまた違う有り様なのが面白いという。

あとは古賀奏一郎監督の『Not Found』には心霊ドキュメンタリーへの批評性がありますね。

吉田　古賀監督は『ほん呪』出身ではない。

心ビ研　違います。だからなのか、心霊ドキュメンタリーにどうしてもつきまとう「フェイクで作ってんじゃねえの?」という疑念を逆手に取り、作品内で「フェイクで作っちゃおう」と自ら言っていますからね。

吉田　そのビデオの制作プロジェクトがあと2週間で仕上げないといけないって言われて、どうしよう、じゃあもうヤラセでやっちゃおう、というところから始まる。そこで「私は幽霊です」と名乗る男に取材することになる。フェイクだと思われている視点を逆照射しているというか、そういう構造自体を逆に利用している。

心ビ研 それで言うと、寺内さんの『妖怪カメラ』も。妖怪を撮りに行くのになかなか妖怪が現れない。でも『妖怪カメラ』と言っているのに幽霊は普通に出てくるみたいな、あの面白さが衝撃ですよね。漫画家のいましろたかしさんとカッパの恰好をして出てくるというヤラセまでして。やはりフェイクか否か、嘘か本当かというのを逆手に取っていくような構図が非常に面白いなっていう。

寺内 当時は2015年ぐらいなので、もう作り手側としては、まだやられていないどんなやり方を見つけるかみたいなところでした。要は、やっぱり低予算なんですよ。ビジネスとして一番盛り上がったのは2010年代前半で、中盤からは下火になっていくじゃないですか。単純にDVDの値段も、レンタルという業態も下がっていく。そんな中、ある意味で実験の場になったりもしていく。良く言えばストイック、悪く言えば世間のリアクションもわからずに変なものが生まれてしまうハプニングがあった、というのが『妖怪カメラ』ですかね。

とはいえ一般的なお客さんにはわからなくても、皆さんのような文化的目線を持っている方たちに見てもらえるから振り切ってやろう、という意図は最初からありました。目の肥えた人たちと共感し合いたいという尖りが一時期あったような気もします。今はもうそういうのはなくなってきましたけど。

吉田　あとは検証パートにおける人間関係のドラマに軸足を置くようにもなっていきますよね。代表的なのは、演出とアシスタントディレクター＝演出補のバディ関係。仲間として協力するけど、すごい喧嘩をしたりもするといったような。かつ投稿者とその周りの人たちも含め、様々な人間関係の相関図においてドラマが起きていく。例えば岩澤宏樹監督の『心霊玉手匣』のような、壮大なドラマとして伏線も回収していくシリーズがありますよね。

寺内　そういった流れは『ほん呪』が最初だと思うんですけど、ムーブメントを作ったのはシリーズでいうと何番ぐらいからなんですかね？

心ビ研　最初はスタッフの存在が薄く、中村監督作品なら中村監督が自分で出演していたんですよ。その後任の、松江哲明監督もどちらかというと自分が出るスタイル。その次の坂本一雪監督からキャラの立った演出補が登場して、何かをやらせるようになる。坂本監督の次は福田陽平監督。さらにその後の児玉監督が、この関係性を高度化して物語の中に取り込んでいきました。

吉田　でも児玉監督作品には、児玉さん自身は出演してないですよね。

心ビ研　出てきません。自分が出ないので、演出補に色々やらせるのが際立つわけですよ。そうするとどんどん岩澤さんと菊池さんというＡＤがカメラの前に出てくる。

吉田　それは本当のスタッフですよね。職業として『ほん呪』のＡＤとして働いている人たちであって、役者を使った嘘ではない。そこがまた虚実の複雑なところで。

心ビ研 はい、そこは嘘じゃない。

吉田 でもたまに、これ役者さんがやってるだろうっていうADさんも出てきますよね。2010年代以降のアムモ系の作品だと、やけに美人の女性とか出てきて俳優くさい。あれはもう役者だと思ってもいいですか。

心ビ研 そうですね、可能性としては（笑）。いずれにせよそういう関係性が人気になってきたのが、2010年代以降。そのムーブメントを作ったのは、おそらく坂本監督から児玉監督の流れだと思うんですよ。児玉監督作品だと、ADである岩澤さんと菊池さんが失踪しちゃう。そこからどんどん検証パートにおけるADのキャラクター化が強くなっていったんです。岩澤さんが殴られるとか、さんざんトラブルが起きたりとか。

寺内 それはファン的にはどういう目線で見ていたんですか。肯定派か否定派かっていうのはやっぱりあったんですか。

心ビ研 私個人の意見では、ちょっと否定派だったんですけど。最初の頃はリアルを担保する機能だったと思うんですが、だんだん心霊映像を客観的に検証するところから外れていき、ドラマに寄っていってしまったので。失踪までいってしまうと、これはやっぱり作り物なんじゃないのかと感じてしまう。確かに私は心霊ドキュメンタリーは作り物だという立場ではありますけど、同時に本物なのではないかというロマンもまだ持っている。そこだけはやはり、心霊ドキュメンタリーの作り手にも誠実に向き合っていただきたいっていうところがあるんですよね。そこがだんだんキャラ化によって崩れてしまった。児玉監督はある意味、その流れを完成させてしまったんですね。

寺内 僕はその時期、『ほん呪』から離れていたのですが、周囲でざわざわと「最近『ほん呪』が面白いぞ」って聞いていました。いわゆる菊池さん、岩澤さんブームが、第二次『ほん呪』ブームの流れとして来ていたという印象です。これはどうなっていくのかな、とは思いましたが。

心ビ研 私は「おわかりいただけただろうか」というのは、一瞬見逃したものを見るという映像訓練だと思っています。でも人間関係パートが挟まると、Aパートであった投稿映像が、次のBパートでおさらいされるんですよね。巻が分かれていない同じビデオ内なのに。それまでさんざん「おわかりいただけただろうか」の映像訓練をしていったのに、同じものをあらすじで提示するのは視聴者に対する愚弄だなとすら感じたんです。

吉田 いやいや、そこまで（笑）。

寺内 一巻の中でも少し間があくから、前半部分のダイジェストを後半の頭1、2分で説明するという。

心ビ研 そういった前編・後編スタイルは坂本監督時代に作られ、児玉監督によって定番化されました。また巻またぎの三部作に分けるスタイルも児玉さんからですし。

寺内 一つ言うと、それは児玉さんの意向だけではないと思います。例えばプロデューサーや会社側がお客さんのことを考えての意向も色々とあり、変化を必要とした。ただそれを革命的にうまく全部こなしたっていうのが、児玉さんという非常に優秀なディレクターなんですね。実際にそれがウケたわけですし。今ではもう全作がそのスタイルになっていますから。児玉さんの作った形がイコール心霊ドキュメンタリーのパッケージとして、それを変えることができなくなったっていうぐらい圧倒的だった。

吉田　それをもうちょっと入れ子構造的な話で言えば、心霊映像の検証パートそのものが心霊映像になったわけですよね。かつそれをさらに検証したり解説したりおさらいするという、もう入れ子の入れ子というか。

心ビ研　確かに今ではもう検証パートでも幽霊が出てくるので、客観的な視点で取材をしていたはずの人たちも巻き込まれちゃうわけですよ。だからもうその事件に当事者として参加することになってしまうんですね。そういう形が確かに今のアムモ系作品、『心霊〜パンデミック』などでは強いと思います。

『Q』とその先へ

吉田　寺内さんは『フェイクドキュメンタリー「Q」』（以下『Q』）に携わっています。あれはフェイクドキュメンタリーと銘打っているので、定義としての心霊ドキュメンタリーとは違います。とはいえ、先ほどから話している、映像におけるリアルな怖さをどう与えるかという意味では、『Q』はそれをかなり目指しているなという気はします。

寺内 ヤラセかヤラセじゃないかって議論が、ここ数年ずっとあらゆる業界で行われている。でも本当か嘘かだけの論点で語られるというのは、ちょっと低いレベルなのではないか。吉田さんもそうでしょうけど、もう一つ上の楽しみ方を目指している方々もいらっしゃる。ゾゾゾもまさにそうです。『Q』については、ゾゾゾの皆口大地さんとともに、単純な嘘・本当から脱するということも含めて一緒にやっている新しい形。視聴者にも理解してもらえる形を今、模索しています。最近は作り手のリテラシーも高いし、しかもちゃんとそこに愛があって高い意識も持っていらっしゃる。そういう方たちが今、評価されているっていうのは非常にいい傾向だなと思います。

吉田 とはいえ、やっぱりフェイクかフェイクじゃないかっていうのは、どうしてもどこまでいっても付きまとうと思うんですよ、見ている側としては。

寺内 そうですね。永遠に付きまとうでしょう。

吉田 結局『Q』も、あれだけリアルに作っているんだから「フェイクドキュメンタリー」って銘打ってるけど、フェイクじゃないんじゃないの?」と取られることはあるでしょうね。
　怪談でもそうなんですけど、「これ本当なんですよ」って言ったものに嘘が混じっていたらものすごく怒られるんですけど、「全部嘘なんですけどね」と言ったものに本当が少し混じっているのは逆に褒められるんです。おかしな話なんですよ。「これ全部、嘘なんです」っていうのが嘘だったら「おまえ嘘ついてんじゃねえよ」と怒られなきゃいけないはずなのに。だから「全て嘘なんです」ってあらかじめ言っておく方が本当っぽくなるというのはテクニックとしてある。

寺内 その話を聞いて、ちょっと思い出した。中学生の時、朝礼で体育の先生がいきなり「これは昨日見た夢なんだけど」って前置きして話し始めたんです。おかしいだろなんで昨日の夢なんか、って思いながら我々が聞いていると、それが学校で起こった暴力事件の話なんですよ。タバコを喫っている奴がどうとか、イジメがあって誰かが顔から血を流したとか。そして最後にまた「これ、夢なんだけど」と言って終わったんです。それがすごく気持ち悪かった。おそらくそれは本当のことで、大人の事情でちゃんと注意できない状況だった。だからイジメをした人間に間接的に伝えようとしたんでしょうけど、関係ないほとんどの生徒は、それをただただ聞くだけ。中には本当に夢の話をしていると思った人もいたかもしれない。でも僕は今でも印象に残っているくらい、気持ち悪い話だなと感じたんです。

心ビ研 めちゃくちゃ鳥肌たちました（笑）。

吉田 だからやっぱり『フェイクドキュメンタリー「Q」』とタイトルに付けるぐらい前に出すと、逆にフェイクじゃないんじゃないのっていう印象になりますね。

心ビ研 『Q』だと「ラスト・カウントダウン」の、映っている人物たちの目から上が切られている映像。あれはなんで不自然な画角にトリミングして人物の目が切られているのかっていうのが不気味です。最後にこういう事情があった、目を合わせちゃいけないみたいな説明はされていますが。いきなりあの映像が入ってきた瞬間、なんかわからないですけど生理的に気持ち悪いじゃないですか。

吉田　フレームの怖さじゃないかな。変に黒く上を塗りつぶしちゃってるっていう。黄金比とか16対9とかではない気持ち悪さが、そのまま恐怖にも繋がってるだろうし。もちろん、目を隠してるというのも怖いし。

心ビ研　それでいうと『ほん呪』の寺内さんの「かくれんぼ」の新しさが衝撃的だったんですよね。スマホで撮られた、すごく縦の画面。『ほん呪』はビデオレンタルしてテレビで見るか配信をPCモニターで見るじゃないですか。スマホで見る人ってそんなにいないと思うんですが、スマホで撮られたら画面はこうなる。つまり、『ほん呪』をスマホで見る人って、そんなにいないと思うんですよね。だからなのか、スマホの縦画面による左右の余白をうまく使えていないことが多い。なんか怖い模様とかで埋めたりするんですけど、それが興ざめだったりする。

でも「かくれんぼ」は画面が縦に狭められているからこその、横にパンする怖さが生きている。パンならではの原始的な恐怖がある。なんて計算された作品なんだっていう。いや、計算されたとか言ってはいけないかもしれないんですが（笑）。

寺内 ありがとうございます（笑）。

心ビ研 あとは『Q』の「Sanctuary」。山道を車でバックしていくのを車内からフロントガラスに向かって映しているシーン。16対9の中で、水平じゃなくて垂直に表現していて、さらに奥行きの表現が足されている。フロントガラス越しだからパンできないけど、パンしなくても暗闇から人が出てきて迫ってくる恐怖。あの画面の豊かさには、本当に衝撃を受けましたね。

吉田 それもやっぱり車窓のフレームの良さですよね。『放送禁止』の長江俊和さんにインタビューした時に聞いたんですけど、長江さんは2000年の『奇跡体験！アンビリバボー』の杉沢村伝説の回のディレクターだった。怪談史としても伝説的な、杉沢村が日本中に爆発的に知られるようになった回。あれも瞬間視聴率が良かったのは全て、車窓からの風景だったそうです。スタッフが車で探索しているところを車内から外に向かってカメラを向けている。まさにドキュメンタリー的な調査シーンですけど、聞き込み調査などではなく、車窓を撮りながら移動しているのが一番ウケが良かったという。最近の『ポツンと一軒家』の面白さもそうですよね。やっぱり『ポツンと一軒家』を探すスタッフの、山道を映す車窓とか、「Sanctuary」の山道を慌ててバックする車のフロントガラスとか。怖さもあればワクワク感もある。それは移動であり、やっぱり映像のフレーム内フレームですよね。さっきから言及している面白さって、全てフレーム内フレームの話です。そこ

寺内　が興味深い。

吉田　VRでやってみたら面白そうだと思いますね。VRで体験する『Q』。

寺内　逆に言うと、フレームがなくなるわけですもんね。

吉田　そう。だからどういうものになっていくのかという楽しみがある。

それこそ4章に登場されている煙鳥さんは、全方位型の怪談語りという実験作品をやっていますね。AI生成された怪談を、360度全天球像のVR空間の中で聞くという。あれは奇跡的にうまくいった実験でしたが、どうすればコンスタントに商業的にやれるのかという課題はまだ残されているでしょうね。

最近の傾向で言えば、2020年代に流れてきた『The Backrooms』っていうのは、やっぱり見逃せない。あれも一応フェイクとは言っておらず、本当に異世界に迷い込んじゃったという形式で拡散している。TikTokの場合は1分以内の動画で、断片だけを出しており、だからストーリーというものはない。設定や背景はあるのだろうと考察の対象になっていますが、おそらく正解はない。ストーリー性もないし、ちょっと薄黄色いだけの無機質な記号的空間をさまようだけ。ストーリー性の排除ですね。キリスト教を思わせるモチーフだとか、そういうものは一切ない。それでも考察する人たちはいるけど、『エヴァンゲリオン』的な考察まで膨らませるのは無理だろうな。

心ビ研　ストーリー性の排除、いいですね。ただTikTokが本当に初期映画っぽかったり、パラパラと面白いものがそのまま出てくるかというのは結構微妙なラインでして。どうしてもみんな文字を入れたがるんですよね。すごく文字を強調して表示させたり、スライドショーで文字を見せていくのが流行っているじゃないですか。あれならまだInstagramのすごい謎のグニャグニャした自撮りとかの方が、映像としての面白さを感じます。

吉田 TikTokは何か面白いこと、新しい表現ができそうなのに意外といかない、どうすればいいんだろう……というのは初期の頃から悩んでいますね。自分は結局やっていませんが。

寺内 『Backrooms』は、こんなんやられちゃったか、ああいうことができたらいいなと羨ましく思いましたね。どこまでどう3Dでやっているのか、でもここは実写だしな、と考えながら見たり……。内容自体がすごくシンプルで、心霊系じゃないものっていうのは、やっぱりなかなか簡単にはできないです。

心ビ研 寺内さんはTikTokで何かやったりはしないんですか。

寺内 まだ全然イメージできていないし、TikTok自体をうまく捉えられていないですが、そういうならちょっと挑戦してみようかな（笑）。

吉田 やることになったら、まっさきに教えてください。

8

透明な私 nothing

ファウンド・フッテージの作り方

梨

梨《なし》

インターネットを中心に活動するホラー作家。著書に『かわいそ笑』『6』『その怪文書を読みましたか』『自由慄』、漫画原案に『コワい話は≠くだけで。』がある。

近年、ホラー文化がとみに活発化している。

ホラー小説、ホラー系ネット動画配信などの大きな盛り上がりはいうまでもなく、ややジャンルの異なる映画や漫画やアニメなどについてもホラーおよびオカルト文化の影響が窺える。また是非はともかくとして、陰謀論の隆盛もこの一端に入れていいかもしれない。

この潮流の特異点に位置するのが、梨氏である。

まずは梨氏が携わる「ＳＣＰ財団」について簡単に説明したほうがいいだろう。２００８年に英語版が開設された「ＳＣＰ財団」は、「異常な物品、存在、現象を封じ抑え込むことを任務として、秘密裏かつ世界規模での活動を行って」いる組織だ。多言語にわたる各サイトでは、メンバーが集めてきた資料（文章をメインに画像や動画や音声データ等）を公開している。

……といった設定の、国際的な創作コミュニティサイトだ。常識を超えた未知の現象群について記述するファウンド・フッテージ形式作品が、多種多様かつ膨大に収録されている。

創作だという大前提を打ち出しながらも、異常な事態を「本当にあったことのように」記す。その虚実に対するスタンスは、根本的に実際の体験談を基にしている実話怪談とも、根本的に作家の創作した作品世界であるホラー小説とも絶妙に異なってくるのだ。

梨氏は「SCP財団」日本語版創設メンバーの一人。2020年頃から「イヨリナタリ」作品群などが話題となり、SCPサイト外のホラーマニアたちから注目を集めた。その後は旺盛な執筆活動を展開し、2022年の初単著『かわいそ笑』はamazonベストセラーランキングの1位にもなった。その著作では、あらゆるタイプの資料が「本当にあったことのように」叙述されていき、我々の日常のすぐそばに未知の恐怖と不気味が存在することに気づかされる。創作なのだから気づかされるも何もないはずだが、思わずそう感じさせるリアリティを滲ませている。

梨氏は幼少期より親しんだインターネット怪談をはじめ、様々な現代ホラー文化、その周辺にあるホラー以外の事象までも含め、自家薬籠中のものとして引き出すことができる。「本当にあったことのように」綴られる資料群が、虚と実のレイヤーを時には入れ子状に、時には浸食しあうアメーバ状に重ねながら構成されていく。その文体に作家性はないが（何しろ全て上手に似せたダミー資料なのだから）、その構造に独特の作家性を持つ。虚実の侵犯によりアーカイブスを構成するという方法論は、SCP財団もそうであるように、ホラーとすこぶる相性がいいのだ。

それは「誰が、誰の話を、誰に語るのか」についての面白さであり、実話怪談とも共通する論点ではないか。梨氏のお話を伺ってみることにしよう。

物心ついた頃には洒落怖を読んでいた

吉田 今回のテーマとしては「誰が、誰の話を、誰に語るのか」。もっと広く言うと「誰が聞き耳を立てているのか」まで含めてもいいかもしれません。これは私がここ数年、実話怪談においてずっと考えているテーマでもあるのと、これについては梨さんが最適任かなと思いまして。

ただまずは普通のインタビューとして、梨さんの人となりからご紹介させていただければ。そもそもホラー文化に興味を持って、今の活動を始められたんですか？

梨 子どもの頃に2ちゃんねる「洒落怖」で、ちょうど「くねくね」や「八尺様」が出てきたんです。こっくりさんとか花子さんとかを知る前にそっちを知ったんですよ。おそらく私の世代ぐらいからだと思うんですけど、洒落怖がもう母国語になっていて、怪談文化との接触点はネット怪談が最初だったんです。それこそ稲川淳二さん、いたこ28号さんや吉田さんを知ったのは学生時代とか、ある程度ちゃんと本を買えるようになってからなんですよね。そこで実話怪談というジャンルがあることを知った。

吉田 稲川淳二さんは別として、実話怪談はまだそこまで社会の表に出ていなかった状況でしたから。梨さんが知った順番としては『学校の怪談』よりもネット怪談のほうが先だったんですか？

梨　洒落怖が最初で、その次が松谷みよ子さん、常光徹さんの『学校の怪談』系、その次が稲川さん、吉田さんという順番ですね。だからちょっと時代との入れ替わりがあるんです。

吉田　その前の世代から考えると入れ替わりですけど、梨さんの世代ではそれほど不自然ではないかもしれないですね。

梨　そうですね。やっぱり一番接触しやすいのはインターネットだったので。

吉田　『学校の怪談』シリーズなど、怖い話の児童書や学校図書は今でも小学校や児童館に置いてあると思います。ただ、家のパソコンだったりのデバイスで知る方が早かった。それも今の時代では不自然ではないですよね。親が見ることを許可しているかどうかという問題はありますが、梨さんの親御さんはそこに理解があったと。

梨　「なんかやってんな」ぐらいの感じだったと思います。今もそういう感じなので。親が積極的に見せたわけではなく、家にあるパソコンを動かしても特に何も言われることはなかったので、そこで2ちゃんなどを知った感じでした。

吉田　でもやっぱり、怖い話を見ようという能動的な行動がなければ、そこに辿り着かないじゃないですか。それはどういった流れでした？

梨　2ちゃんだと普通に楽しい話をやっているスレに、荒らし目的でグロ画像とかを貼ってくる奴がいるんですよね。オカルト板の住民とかが他のスレに不気味な画像のリンクを載せて驚かす、ブラクラ（ブラウザクラッシャー）みたいな。それを踏んだ時に「不気味な画像もあるけど、これはこれで面白いんじゃない？」と思いまして。荒らしのおかげでオカルト板や洒落怖スレというのがあるらしいと知ったんですよね。で、行ってみたら確かにこっちの方が住みやすいなと性に合っていた。

ちょうど「くねくね」が出始めた、洒落怖スレがパート1とか2とかそのぐらいの頃。

吉田 本当に子どもだったので指一本のタイピングでカチカチって調べていて。「こういうことが書いてある、なんなんだこれ？」っていう、そっちが基準になっちゃったんですよね。

梨 2000年代前半頃。私はその頃ちゃんと見てなかったので、私より早いですね。本当の話だと思ってました？

吉田 洒落怖スレって段階があって、最初はもう創作でもええやんみたいな感じでやってたんですよ。「八尺様」が出てきた辺りから実話という形式、これは俺が体験した話で田舎に行ったらどうこうという怪談になっていったと思うんですけど、その前は創作でもよかった時代だったので、ある程度こんなことないだろうなって思いつつ、三信七疑ぐらい、ちょっと疑うけどあってもいいぐらいの感じで読み物として見ていました。一応前提としては創作で、その中でも「俺が体験した話」という設定のものに関しては、釣りでもいいからそう読んでやるか、みたいな感じで。

吉田 2ちゃんねるのスレッドで見るということは、怪談本体だけでなく解説も入りますもんね。

そこが他の本などで読むのと違うところですよね。子ども向けのホラー読み物だったら、話について茶化すようなツッコミや、これは本当かどうかっていう周りの意見なんてないから。

梨　そうですね。掲示板で見始めたら、そういうメタ的に見る視点というのが最初から育まれますね。

掲示板なので、ある程度ログが蓄積されて文脈が共有される部分ってあるじゃないですか。「そんなんねえよ笑」みたいなことを言う人もいるんですけど、その辺雰囲気も込みで怪談を楽しむという。そこから時代が下ると、もう「洒落怖まとめブログ」とかで傑作選を見るじゃないですか。今ならゆっくり解説動画かな。そうなるとまた『学校の怪談』のスタイルに戻ると思うんですね。掲示板の茶々とかが入らず、お話部分だけを切り出しているから。

なので、私の同世代かちょっと下の方々と話していると、ネット怪談が掲示板と離れて独立して存在したものと受け取られている。そのため本当にあった話だと捉えられやすくもなっている。

吉田　いや、私の世代でも結構そうですよ。私らおじさん世代でも、まとめブログで初めて接する人がほとんどですから。梨さんはあまりにも若くして接していた特殊ケースなので、世代論のサンプルにならない（笑）。また世代を抜きにしても、実際に世間一般でネット怪談が読まれるようになったのはまとめブログができてからです。大人だろうと子どもだろうと、そこが接する最初のポイントだったというのが多数派でしょうね。

梨　洒落怖は最初のスレッド、パート1の時から、傑作選は別でまとめておくのはどう？みたいに言われてたんですよ。外部サイトで傑作選みたいなのを作って、こっちの本スレではまたログの蓄積をしよう、みたいな。その頃はわりと、まとめブログを自分たちで作ることにも寛容というか、むしろ積極的に作ろうとしていた。

吉田　洒落怖自体が、その前にあった2ちゃんねるのみならず他の色んなサイトからの怖い話を傑作選みたいに集めようぜ、っていう趣旨で作られたスレッドですからね。よく誤解されがちですが、「くねくね」だって元の初出は洒落怖ではないですし。

梨　で、私が文字をちゃんと打てて、ある程度物語を紡げるようになってきた頃に「ホラーテラー」というサイトが出てきて。その頃にちょうど自分の話を初めて作りだしたんですよ。ホラーテラーは創作ＯＫって謳《うた》っていたサイトですね。そこに初めて、処女作みたいなものを書いた。どういう話だったんですか。

吉田　どういう話だったんですか。

梨　もうここで話せないぐらいの……ここに亡くなったおばあちゃんが立ってたんだよ、ここには昔自殺した人の霊がいて、その怨念が……みたいな、本当にテンプレみたいな怪談をとりあえず書いていました。王道というかベタというか、そういう話ばかり書いていましたね。

SCP財団との出会い

吉田 そこからSCPにはどう辿り着いたんですか。

梨 その辺りからSCPに行く感じですね。ホラーテラーが爆散（閉鎖）したんです。荒らしがめちゃくちゃ入ってきて、それで運営が対処しきれなくなって放置されて、そのままサーバーもなくなっちゃった感じだったんですね。その頃にはもう洒落怖も下火になっていたので、みんな分散していったんですよ。オカ板の中でも、もう洒落怖は駄目だみたいな感じで、他の個人サイトに行くとか、それこそニコ生に行くとか。そのときに私はまだちょっと往生際悪くて、ホラーテラーも閉鎖するまではいたんですけど。

その時期ぐらいに海外から「SCPっていうのがあるらしい」という情報が入ってきたんです。まずSCPが日本に入ってきたのが「ふたば☆ちゃんねる」だと言われているんですけど、海外ではクリーピーパスタっていう文化なので怖い画像とセットなんですよ、「スレンダーマン」とか「ジェフ・ザ・キラー」とか。ああいう感じで、SCP-173の「彫刻」ってわかりますか。まばたきしたら死ぬっていう怖い彫刻があって、その話と一緒に画像が貼られたんですよ。「これなんだ?」って調べていくうちに、海外の4chanにSCPというのがある、有志によって翻訳がされているというのを聞いたんです。で、私も片手間に翻訳しながら、自分たちでもSCP作ろうぜ、となったという。ちょうど私が2ちゃんからホラー創作へと移行してきた時期だったので、その辺りが一つ、分岐点というか転換点になっているのかもしれないですね。

吉田 じゃあもう芸歴はかなり長い。最初にSCPを見たとき、これだ！って感じたんですか。

梨 そうですね。SCPって海外発なので、いわゆる怪談というよりはクリーチャーっぽいというか。こういうクリーチャーがいたとして、ちょっとアカデミズム的なところも加えつつ、どう三人称的というか客観的に書けるか、みたいな勝負だったんですよ。こういう遊び方いいねっていうので入っていきました。

吉田 海外のSCPは不勉強で全然知らないんですが、やはりファウンド・フッテージ形式であり、おそらくラヴクラフトのクトゥルフ神話体系のようなことをやりたいのかな、と。そもそもクトゥルフ神話体系自体がファウンド・フッテージ要素が非常に強いと思いますしね。もちろん日本のSCPも、それをある程度踏襲しているけれど、やっぱりそこに日本ならではの怪談というものがハイブリッドしているのかな。

梨 学術的というより共通理解みたいな意味での民俗学というか、いわゆる村の古老に話を聞いた、古めかしい祠《ほこら》がどうのみたいなのが、怪談のモチーフとして今でも扱われるじゃないですか。それがネット怪談っぽいとも言われますが、「SCPでもそういうのをやってもいいんじゃない？」って言い出したのが、私や他の何人かの人たちなんですよ。SCP

はもともと海外の文化だから、そういうのはナンセンスだ、みたいな話もあったんですけど。

そうした要素を入れだしたのが、私が「梨」として書き始めた2015年ぐらい。SCPって要は、「なんちゃらの調査班が行きました」みたいな形を取るんですけど、それを「日本の某県で民俗学を専攻していたヤナギダさんという調査官の人がこういう所に取材に行きました」という風にやり始めたんですね。SCPの日本ナイズド、SCPに日本文化を混ぜるのは最近できた流行ですが、この頃からやりだす人が増えていった感じです。

吉田 そういう民俗ホラー要素というのは、海外ではあまり見られなかったのですか。

梨 SCPの韓国支部があるんですが、私はその支部を作った人と仲良くさせてもらっていて。その方が私の作品を積極的に翻訳して、韓国語版のウィキに転載してくれています。SCPって12ヵ国ぐらい支部があるんですけど、繁体中国語支部と韓国語支部には、結構私の話や日本のものが翻訳されています。ただ、SCP‐ENと呼ばれる英語の支部には、こういうタイプのものはあんまり翻訳されないですね。SFチックなものは海外でも人気だったりするんですけど。SCPの日本版アレンジ、日本怪談みたいなテイストでやるというのは、日本、中国、韓国あたりが受容率としては高い。

吉田 東アジア圏ではもちろん、その良さはウケるし享受しやすいだろうなと思います。ただ英語圏でもフォーク・ホラーというジャンル概念がある。フォーク・ホラーというとイギリスのお家芸みたいなところがありますが、アメリカはまだしもイギリスの人たちにもフォーク・ホラー要素はあまりウケなかった？

梨　やっぱりＳＣＰって、要は超国家的な組織があって、その人たちが怪物とかから人類社会の民衆を守るためにそういうものを研究し、収容しているという設定なんですよ。なので、あまりそういった質的調査みたいなところに行きづらいというか、どちらかといえば量的な調査になりますよね、っていうのはわかるんです。書いていても、文系の知識が入りづらいといいますか、科学的に調査しますという傾向なので。

吉田　ジャンルや競技として違ってしまう、という。とすると日本では、洒落怖を筆頭とするインターネット怪談の文化と融合し、魔改造されたという認識でいいですか。

梨　そういうことだと思います。で、それをやっちゃった張本人が私なんですけど。ただＳＣＰって実話怪談でもないので、実話でなくても体験者が生還しなくてもいいんですよね。

吉田　そうか、ファウンド・フッテージだから。体験者が死んじゃったら、実話怪談に限らず、普通の怪談ではダメですけど。

梨　どこそこでこういう怪異があって、ＳＣＰ財団という超国家的な、何でも情報網持っているすごい人たちが調査に来ました……と言えてしまうので。民俗学の権威みたいな人を出しても、それは財団だから許される。洒落怖だと、なんでそんな民俗学に詳しい人が最後いきなり出てくるんだよとか、なんでそんな怖い目に遭ったのに生還して、体験した人が話してくれてるんだよとか思うじゃないですか。それを全部解決できるのでやりやすかったのはありますね。体験者が死んでも、ＳＣＰなら幽霊にインタビューしました、とやろうと思えばできるので。

吉田　遺留資料を見つけました、とでもすれば可能ですね。じゃあ梨さんの経歴は、ＳＣＰの歴史とともにあるっていう感じですね。

梨　そうです。ＳＣＰの日本支部って、もともとは自分たちで創作しようっていうよりも、そういう海外の文化を翻訳しようっていうプロジェクトがまず先にあったんです。ウィキペディアが二つあって、まず翻訳の方のウィキが最初にできました。そこから、日本版のいわゆるＳＣＰ‐ＪＰと今では呼ばれる、自分たち日本オリジナルのＳＣＰを作ろうよっていう方のウィキができたんですよ。

それが翻訳側からはボロクソに叩かれまして（笑）。要は、海外だからいいんだ、みたいな。日本人がそんなことやろうとするなんてナンセンスだ、ってことでボロクソに言われたんです。それをどうにか繋いでいって、ちゃんと統合されたのが２０１３年か２０１４年ぐらいの話。だから翻訳する層と日本のＳＣＰ作る層とで、結構分断があったんですよね。原文版が至高みたいな考え方って、こういう海外文化ではわりとあると思うんですけど、それがＳＣＰでも色濃くあって。私は最初翻訳の方から入りましたが「そんなことで叩かれてるの？　かわいそうだな、私もやりたいのにな」とは思っていました。潜在的な作り手層はその時期でも結構いたはずなんですけど、それが許されるようになったのは、わりと最近の話かもしれません。

実話怪談との接近

吉田 実話怪談というジャンルには、どの辺りから接したんですか。

梨 それが結構、吉田さんの影響も大きくて。２０１５年ぐらいかと思うんですけど、「くるりんぱ」の怪談をテレビで見たんです。実話怪談を実話怪談として認識したのが大体そのぐらい。

　その前はニコニコ生放送を見るのが好きだったんです。当時は煙鳥さんや、「不思議の館」の星野しづくさん、「怪談図書館」の桜井館長とかのニコ生コミュニティが散発的にあって、そこで怪談好きな人が怪談好きな人に呼びかけて凸待ち（コンタクトを待つ）する、みたいな感じがよくあった。それを見るのが好きだったんですけど、その時は「本当っぽく語る怪談師さんがいるなあ」ぐらいの解像度だったんです。それを実話怪談として認識したのは、角川ホラー文庫とか竹書房怪談文庫とかの書籍の存在が大きくて。映像や音声コンテンツで何となく知っていたものが、書籍だとちゃんと「実話怪談」だと紹介されている。それで知るようになった感じです。

吉田　テレビだと、スタッフも実話怪談というものがよくわかっていなかったと思うので。「これ、あの語り手さんが作った話なんでしょ？」とスタッフに思われている節はありましたね。『怪談のシーハナ聞かせてよ。』とか『実話怪談倶楽部』とか、完全にジャンル概念が確立した番組が出てくるのは、その後少ししてからですね。

梨　本当に難しいと思うんですよ、実話怪談って。「お前だ！」とやってキャーとなるみたいな怪談とは違う面白さがあるので。ライト層にはあまり理解が及ばないことも多いと思います。でもそういう下地があったからこそ、私、「くるりんぱ」にめちゃくちゃハマったんですよ。ああいう、最後にガーンと大声出して終わりではなく、じっとりとこちらに来る感じが本当によくて。

吉田　あれは2012年の「怪談グランプリ」でやりましたね。梨さんが見たのは再放送かな。

梨　こういうの面白いよな、どこにあるんだろうと色々な書籍を漁って。京極夏彦さんとかホラー創作小説も好きだったんですけど、それとは別にそういうジャンルはないのかと探していたら色んな実話怪談本を見つけて。これは面白いぞ、となった感じでした。

吉田　そこから書籍にいき、きちんと実話怪談っていうものがあるという解像度が上がって。

梨　「平山メソッド」も知って、そういうやり方で受け継がれてきたんだ、と。これは私がお聞きしたいんですけど、実話怪談の平山メソッドとか、そういう語りのフォーマットみたいなもの、それがそれとして認識されたのって大体いつ頃なんですか。

吉田 この時期からみんなが認識するようになったたっていう明確な分岐点は多分ないとは思うんですけど。「超‐1」という、素人の人たちに怪談を書いてくださいっていうコンテストが2011年から始まった。じゃあ書くかとなったとき、もちろんネットに書いている人はそれまでもいたとは思うんですけど、人に見せるものとして、ある程度は商業作品として書かなければいけない。となるとやっぱりフォーマットに当てはめないと書きようがないところはあった。平山夢明さん的な書き方はいくつかある中の一つではあるんですけど、その当時一番人気の書き方だったので、誰が呼んだか「平山メソッド」というフォーマットに乗っかって書く人が多かった。

梨 怪談でも、例えば「牡丹灯籠」などの落語はあるじゃないですか。落語だと枕があったり、語りの技法みたいなものが体系化されてある。実話怪談って、案外ないんですよね。だから平山メソッドなどを書き手の方々はどうやって学んでいったんだろうなっていうのが、個人的に気になっていたんですよね。

吉田 書き方のフォーマットというのは、何年か経つうちにだんだん定型化していったところがありますね。もちろん落語など伝統芸能みたいなちゃんとした型はないんですが、ある程度のフォーマットくらいはある。ある程度、そこに当てはめていけば書けるし、語れる。

だから逆に言うと、別に怖くないこともそこに当てはめられる。それこそ『タモリ倶楽部』(2021年10月30日放送)に出演した時は、私は桃太郎を、ぁみさんは冷蔵庫の説明書を怪談っぽく語ってみせた。それはフォーマットがあるからできるんですね。声の出し方だけではなく、話の組み立て方、情報には嘘はつかないけど順番を工夫する、お笑いでいうフリとオチみたいに、引きをこう付けてこう落とすっていうフォーマットで語れば、あるいは書けば、怪談っぽくはなる。

梨 その辺りが、守破離の守みたいなところになるんですよね。なんとなくお手本にしたい基があって、そこから破って離に行く。そこの最初の、どこを真似するかというか、お手本にするかみたいなことって、やっぱり文化によって違うのかな。私が洒落怖などで初めて怪談を知るのと同時期に、「ビーケーワン怪談大賞」「てのひら怪談大賞」は知っていたんですよ。規定は800字以内ですが、確かフォーマットというか文体の規制、レギュレーションはなかった。もうなんでもありなんだ、みたいに思ったところもあり。そういうノンジャンルでやっている怪談をずっと見てきた層だったので、だからこそ実話怪談との出会いが新鮮だったと思うんです。

吉田 ビーケーワンやてのひら怪談は、創作がメインですからね。作家の文芸である、というのが主眼なので、実話怪談ではない。中には実話怪談も多少あったかもしれませんけど。それとは別に、実話怪談という俗っぽい、パルプな感じのジャンルがあるんだっていうところに、梨さんの発見があったということですよね。

ファウンド・フッテージの文体

吉田　文体やフォーマットの話になったところでお聞きしたいのですが、やっぱり梨さんの作品というと、基本的にファウンド・フッテージになるじゃないですか。だから、既にある何かの文体の模倣という形を取らざるを得ない。女子高生のＬＩＮＥの文体、商品の説明書きの文体、マルチ商法の人たちのパワポの文体、あるいは民俗学の論文だったり。そういうものの集積で作っていくので、ある程度はモノマネ的というか、客観的に文体を模倣していく形になる。だから実話怪談の文体というものに興味が湧いたのかなと先ほど思いました。実話怪談の文体もある程度、模倣して書いたりしていますよね。

梨　実話怪談の文体が私にはものすごく新鮮だったんです。ファウンド・フッテージ形式の中には一つ二つ、実話怪談の技法というか実話怪談本からの引用みたいな体《てい》で、それこそ平山メソッドの、最初に体験者さんのインタビューの語りを入れるみたいなことをやって。

　模倣部分で「これは梨の文体だな」って思われたら終わるので、そこは完全に模倣しないといけない。憑依して入り込んで、みたいなことになるんですけど。私がそういうスタイルをやり始めるにあたって一番大きな影響を受けたのは、他の方々もそうじゃないかなと思うんですけど、『忌録：document X』『禁祀：occult』の阿澄思惟《あすみしい》さん。

それこそ私はネット創作から始めましたが、ネットの体裁でどっしり腰を据えて読むのってハードルが高いんですよ。横書きだし、色々なウェブサイトとか出てくるじゃないですか。となると、それぞれ細切れの情報で、1章につき大体2000〜3000字ぐらいで構成されて、そこで語り手の視点が変わるから、文体や場面も変わる。それらがどんどん変わるのは、読み手にとっても書き手にとっても、すごく楽なんですよ。

あとはやっぱり視点の多様さ。一人称視点でも三人称多元視点でもいいですけど、例えば日本ホラー小説大賞の長編部門に送りたいとなったとき、十数万字の作品を一つの視点で書かなきゃいけないってなると、それをネットでやろうとすると読み手も書き手もきついんですね。

ずっとネットにアップし続けて、読まれるかどうかもわからない。読み手にとっても、これがちゃんと完結するかどうかもわからない。どう終わっていくのか、ずっと腰を据えて追い続けるのも難しい。となると、インターネット上の情報の集積とかをファウンド・フッテージ的にやるというのが需要に合っているというか、お互いにとってやりやすい。私はもともと長編が書けなくて、マックス3万字も書いたら、もう大長編ですよ、私にとっては。3万字って文庫本の5分の1ぐらいですけど、私の適性は大体2万字ぐらい。3万書くには、もうそれで文章を繋ぎ繋ぎで集めるぐらいしかやりようがないというか。

吉田　日本だとなんとなく長い短いの違いでしかないけれど、そもそも英語だと、長編はnovel

で短編はstoryとジャンルが違いますからね。梨さんは長編小説的な物語を目指しているわけではない。別に読む人がその人の中で繋げていって物語にしてもらうのは一向に構わないし、そうしてもらうこともある程度は意図しているでしょうけれど。

梨　そうですね。あとやっぱりファウンド・フッテージとなると、地の文で「これはこういうことなんだ」みたいな答え合わせ的なことを作者がやったら冷めてしまうという人も一定数いる。これはいい悪いではなく、個人の趣味・嗜好の問題なので。

私はインターネットで育ってきたので、ウィキとか掲示板のログとかを見て、これ、どういうことなんだろうなと思いながら、無味乾燥な文章をただ読む、文脈をそこで想像する。そういった恐怖の楽しみ方のほうが親しみがあったんです。そこに、これこれこうだ、みたいな解説の匂わせがあると、それはその人の楽しみ方なのかもしれないけれど、私も私で思っている物語はあるから、お互いにお互いの物語を尊重しようね、と思ってしまう。そういう感じで距離を置いて、自分はもう情報の集合として楽しむよっていう方向だったんですよ。

吉田　「考察」ですね。現代日本ホラー文化、海外もそうかもしれないですが、考察というのは非常に重要な要素としてあると思います。『エヴァンゲリオン』以降の流れかもしれないですけど。考察が許される範囲をはるかに超えて、考察を楽しんでもらうことを前提として、考察自体がもはやエンタメ化している。梨さんの作品だって読み手の考察が必要となってきますよね。そういう風に楽しんでもいいよどころか、考察をしてもらって結び付けてもらって、こういうことなんじゃないの？って思ってもらわないと成立しないという。

梨　そのワンステップが必要になりますね。

吉田　だから、やはり小説を目指してるわけではない。

梨　ではないですね。同人で、とりあえず怖い何かが書ければそれでいいやっていう感じなので。商業だったらやっぱりそうはいかない部分もあると思うんですけど、今の時点では、自分がやれる中で一番適していて、ホラーとしても怖かろうと思っているのがこういう技法なのでやっている、という感じです。

あとやっぱり、どこかしらで読者とインタラクティブというか、読者に我がこととして楽しんでほしいところもあって。受け身で取る情報ではなく、実際調べてみたらそういうSNSアカウントがありました、とかいうもの。実際にそれがあった、あるらしいみたいなところでゾワッとくる恐怖。本をぺらぺらめくって読みながら楽しむのとはまた別種の面白さというか。

ホラーとミステリーの関係

梨　その点、雨穴《うけつ》さんはファウンド・フッテージ的なところもありますが、やっぱり小説を目指しているのかなっていう印象はあります。ミステリー小説が好きで、そこを目指しているんだろうなと。ただ才能がすごい方なので、そこにホラーの要素を入れてもできてしまう。『変な家』もそうですけど、ミステリー先行みたいなところもあるのかなとは思っていますが。

吉田　ミステリーとホラーは双子みたいなものですから。そもそもミステリーとは、非科学的な事象が、最終的には自然科学の範疇《はんちゅう》できちんと解決する、というところのダイナミックな面白さを楽しむもの。だから逆に言うと、解決する前の謎はよりオカルチックな方がよかったりする。京極夏彦、江戸川乱歩もそうだし、横溝正史の金田一シリーズも不可思議な民俗ホラーがきちんと理知的に解決されるっていうところが面白い。そもそもポーの『モルグ街の殺人』が、化け物のしわざと思ったらきちんと理知的に解決する話。探偵小説の元祖からしてそうなので相性はいい。というか裏表なので、本当は相性最悪だとも言えるんですけど。

梨　そこは本当にクリティカルな問題です。ミステリー的というか物語的なカタルシスを求めようとしたら、絶対にホラーの後味の悪さと食い合うんですよね。そこをどうするかという問題が、いまだに根強くあると思います。例えば体験型イベント、今は謎解きイベントなんかも人気ですが、あれでガチホラーをやろうとしたら、結構な非難が起こる気がしますよ。ホラーを求めようとすると、解決のできなさとか後味の悪さとかの方向に振れてしまうので。

吉田　体験型イベントではカタルシスが求められますからね。ミステリーならあるけど、ホラーにはカタルシスはない。

梨　ミステリー方向に寄せるとしたら、ちゃんとカタルシスを担保して楽しんでもらおうねっていうのが主流になっていて。私もよくオモコロで執筆することがあるので、「雨穴さんと似てる」みたいなことを言われることがありますが「いや、とんでもないです」って。むしろ真逆じゃないかとすら思っているんですけど。

吉田　別に謙遜とかではなく、立ち位置が全然違いますからね。

梨　むしろ棲み分けができているという意味では、非常にいいことだと思います。

吉田　実話怪談をやっている人間からすると、ミステリー側の人たちがどう思っているのか、いまだに戸惑うことがあって。さすがに梨さんも、実話怪談が体験者の体験談であるということに、我々が嘘をついているとは思いませんよね。不思議な現象が本当にあるかどうかは判断保留としても、体験者が不思議だと思った体験を体験談として語ることはあり得る。すごく持って回った言い方で申し訳ないですが、それは普通にあり得ますよね。

でもミステリー派の人って、それすらもないと思っている人が多い。科学的な人たちだから不思議な現象がないと否定するのは当然ですが、不思議な体験すらも認めてくれない。体験者が我々に話す体験談というのは、ネットやテレビで見た怪談のパクリなのだと思っている。実際はっきりとそう言われたこともあります。

まあ日本人全体で言えば、まだ半分ぐらいの人たちは、取材なんかせずにゼロから想像力で書いたものが怪談だと悪気なく思っているでしょうね。それよりはまだマシですが、体験者が自分の体験談を語っていないという大前提なら、そこから半歩も進んでいない。だからこそ、まだまだブルーオーシャンで伸び代があるってことだから、それはそれでいいんですけど。


梨 私は以前、文化人類学的なことを学問として学んでいた時期があったんです。フィールドワークとして村みたいな地域に行って、現地の方々と交流してラポールというか相互信頼を築いて、じゃあちょっとお話聞かせていただいてもいいですかとインタビューする、みたいな時期が何年かあったんですね。

で、そのときに私も肝に銘じていたし、色んな人から口酸っぱく言われていたのが、「相手の体験は絶対に否定するな」ということ。実際の現象はわからないけれど、その人は本当のこととして思っているから、その本当と思っているということ自体が大事なのであって。それに対して真贋がどうとか、そういうのは私たちが決めることではないよ、というのがまず前提としてあったんです。

じゃあなぜその人が、例えば幽霊とか死んだお祖母ちゃんが枕元に立ったとか思ったのかという点については、ある程度文学的な問い掛けにはなり得ると思うんですよ。そういうことをやってきたので、私はどちらかというとビリーバーではないですが、体験を体験として受容することに関しては、最大限尊重するという立場ではあります。それが作品に表れているかどうかはわからないですけど。

「本当にあった」こととして語る≠実話怪談

吉田 これは梨さんにとっていいことなのか悪いことなのかわからないですが、梨さんの作品を実話怪談と誤解している人も、世の中に結構多いと思うんですよね。ちょっと驚いたのですが、実話怪談マニア、オカルト文化や実話怪談文化に慣れ親しんでいる人たちが『コワい話は≠くだけで。』を実話怪談としてSNSで反応していたりするんです。

まあ実話と思われても仕方がない作りはしている。そこが上手なので、それこそ怪談に造詣が深い人でも誤解してしまう。ただそれは梨さんにも実話怪談にもお互い不幸だから、『コワい話は≠くだけで。』は実話怪談じゃないよ、とSNSの公開で返信しておいたんですけど。そういった誤解は梨さんにとって、狙いとしていいのかどうか。

梨 あの作品をリアルっぽいことだとは感じてほしいですよ。ただ「これは実話怪談です」みたいな感じで、そのジャンルの筆頭あるいはそのジャンルを内包するものとして言及されると、それはちょっと困りますね。とはいえ「これは嘘の話です」もしくは逆に「これは実話です」と言ったら、変な勘ぐり方をされるのも目に見えているんですよ。だから何の言及もできない。

吉田 この話は全部フィクションで嘘ですから！ってわざわざ言ったら、逆に「これは本当の話だけど事情からそう言わざるを得ないんだな」ってなりますしね。オモコロで発表されている話も、梨さんがちゃんと体験者に取材した実話怪談だと捉えている人は結構いると思いますよ。

梨 例えばアステリスクを使って「＊これはまじでフィクションです」って10行ぐらい書いたものもありますけど、「そうは言っても実話なんでしょう？」みたいな感じで捉える人もいるんです。その人の受容の仕方なのでいいか悪いかは別ですが、いちおう私が思ってほしい捉えられ方ではないです。

吉田 やっぱりまだまだ日本人は、というか人類全体は、体験者に取材した体験談なのか、作家の想像力で紡がれたファウンド・フッテージ的な創作物なのかという線引きを、ちゃんと区分して考えてくれるわけではない。怪談という実証不可能なものを語る分野においては特にそうです。

梨 その区分に興味がないどころか、その区分自体を考えたことない人もわりといますよね。

吉田 怪談っていうのはゼロから想像力で書いた創作物だと思っている人、半分ぐらいはいると思う。でも10年前よりはだいぶマシになりましたよ。かつ、日本は多分、その分野では世界の先進を走っているとも思うので。アメリカもいいところまで行っていますが、こと怪談に関しては、実話怪談的な文化、その認識やリテラシーにおいては日本がトップだと思うんですよね。

梨 実話怪談的な建てつけを考えると、取材する人がいて、それに対して怪談の語りを聞かせてくれる体験者がいて、その二人の間で話が進んでいきますよね。それとは別に、ライター的な人がフェイクドキュメンタリーの手法でもって何かしら書こうとしたとする。となったら、一人称として設定できるのは大体、このライターである私、その私が取材あるいは聞いたことです、みたいな感じになることが多いと思うんです。

吉田 例えば梨さんの作品においては、梨さん自身という立場の人ですね。

梨 そうです。そういう人の視点にしないと、リアル性を担保できないっていうのもあるんです。私が書くもの、かつリアルなものとして考えると、一人称は基本的に「私」にならざるを得ないじゃないですか。となると、そこで語られる怪談は「実話怪談っぽく」なっちゃうんですよ。私が取材する、もしくは私が体験するでもいいんですけど、そういう設定として怪談を集めているとしたら、そこには怪異の体験者的な人がいて、そこで実際に取材をしましたっていうことになる。もちろんフェイクドキュメンタリーですが、そうなってしまうじゃないですか。

私が体験したという人がいる、その体験談を聞く人がいる、そしてフェイクドキュメンタリーだから取材的な手法で進む。この三要素が、実話怪談的なフォーマットとただ被りするから、結果的に似てしまう部分はどうしてもあるというのは最近よく感じています。

怪談の著者と語り手の存在

吉田　先ほどから話し合っているのは、「誰が誰の話を誰に語るのか」というテーマの「誰が誰の話を」の部分です。梨さんの作品においては、「誰が」は梨さんという著者が語っている一人称もありますが、多くはフッテージ＝残された資料を書いた虚構の人物の一人称ですね。

ファウンド・フッテージものが実話怪談と大きく違うのは、体験者の一人称語りがフッテージの中での話としてある。実話怪談はあくまで私のような取材者に対して話している という大前提がある。一方で梨さんの場合、フッテージを作った人の一人称で語る方が主流ですよね。

梨　はい。それに関しては、私は怪談に限らず、例えば説話的なことを取材して録音して、それを聞きながら文字に起こして、フィールドノートやエスノグラフィーにすることもあります。そのときにいつも思うのが、私の地の文抜きで、このテープ自体をぽんって出せたら、それはそれで絶対面白いのになってこと。その人の語りを、例えば「わし」という一人称で「わしが〜」でずっと続く話をテープ起こしとして羅列したら、それはそれで面白い。実話怪談なら取材したテープを文字起こしして、本当はそこで地の文などで整形する作業が入りますが、その前の段階の話を出すという手法に近いんじゃないかなと思います。実話怪談も体験者の独り語り形式はたまにありますが、編集段階ですごく整形します。まるでテープ起こしそのままの文章に見せていても、実はそちらのほうが普段より整形している。

梨　その延長線上に文体模倣があるのではないかと思っていて。例えば、ブログを転載しました、AさんがLINEで投稿したものをAさんの許可を取って載せました、という設定を、取材をすっ飛ばした原液みたいなものとして出す。実話として見てくれている人からすると、生々しいどころか生そのものですよね。それが一番リアルっぽく見えるんです。リアルっぽいものを追求するとしたら、そういう文体模倣的なことはアリかなと思います。

吉田　本当に現実的な観点から考えると、もし実話怪談で同じことをやると「それ、人のブログを勝手に転載してるよね？　発表したら先方から訴えられるでしょ？」という疑問が入って「トラブルにならないということは創作物でしょ」という風にバレちゃうんじゃないかな……というのは、実話怪談をやっている立場からすると思うんですよね。ただやっぱり普通の人たちは、あまり我々みたいに「実話とは」「創作とは」「虚構と現実の狭間とは」

などとは考えていませんから。むしろ手を替え品を替えしてリアルっぽさを出しているのは梨さんのほうで、実話怪談は実話という前提が共有されている安心から、逆に文体や構成で遊んだりもする。そうなると梨作品こそ実話で、逆に実話怪談の方が創作だと思われる逆転現象も起こり得そうです。

梨 確かにそこはありますよね、転倒している部分は絶対あると思います。あと皆さん、書き込みをそのまま転載されることに関しても慣れているというか。一般人の書き込みの無断転載をまとめサイトで読む、みたいなことはもうありふれている。ホラー以外の分野でも、一般人の書き込みをそのままバンッと転載して楽しむノリって定着していると思うんです。だから、転載文章をリアルとして見ることにはもうみんな慣れている。となると私が無断転載していると捉える人たちがいてもおかしくない。私がそういうリアルっぽいホラーを書きますという体で出した作品も、読者の一部は「これは今まで見てきたまとめサイトみたいに、どこかの書き込みを無断転載したものなんだろうな」と思う。でも、となると「だからこそ実話なんだろうな」と捉えて楽しんでいることになる。そういう人も一定数いるかもしれない。

吉田 ややこしいな（笑）。ある程度、そんなことも想定に置いているんですか。

梨 想定はしています。でも、受け取り方は人それぞれなので、こちらとしてはそれをこういう風に誘導しよう、みたいな意図はないですね。

九州の土着性

吉田　虚実の多層レイヤー構造だったり、梨さんという著者の透明性だったりという作品の特徴とは相反する部分、異質な部分として、民俗ホラー要素が散見されます。ぬめっとした土地の手触りのような。そこは出身地である九州の土着性というものに着目されていて、梨さんのパーソナリティが出ているのかと思うのですが。

梨　はい。それはもう私も明示していることなので。まず民俗的な視点でいうと、地元なので親しみがあったというのが結構大きい。あとネットホラー的な部分でいうと、それこそ「八尺様」がバズった時に、後追いがめちゃくちゃ出てきたんですよね。ただ実は「八尺様」って、民俗的なところ以外でのストーリーテリングが上手かったりもするんですけど。

吉田　あんまり八尺様の姿をしっかり見せないとかね。

梨　そういう技量的な上手さがあったんですが、それをわからずに「俺もこういうの書いて注目されたい」となった場合、真似をするなら民俗的なことをやっておけばいけるだろう、みたいな。

吉田　だから逆に、八尺様フォロワーの中で生き残ったのは、都会的な怪異である「アクロバッティックサラサラ」なわけですよね。またあれがすごく上手いのは、都会といっても郡

梨　山や会津という微妙さだったりして。

そうなんですよね。まあちょっと悪い言い方をすると多くは粗製乱造なんですが、それがネットの良さでもあるんですよ。とにかく後追いで、俺もこんなの書きたいっていうのがどんどん出てきた。それを見てきた世代だったので、一番多く見聞きしたのが民話とか、土着的な祠がどうの、「何々様」みたいなエッセンスとかでした。モチーフとして一番親しみがあったので書きやすかったというのが、理由の一つ目。

二つ目の理由は、私の読者って性別は65～70％ぐらいが女性といわれていて、実際データを見たらそんな感じなんです。年齢層でいうとM字カーブの一個目の山の年齢層が20代前半から半ば。もう一つの山が、それこそ洒落怖を見ていた世代の30～40歳ぐらい、こっちは男女問わずというか、男性が多いですね。本当に怪談好きな男性の方々。その怪談ファン世代の人たちが親しみやすいからというのが理由の二つ目。

三つ目は、私が文化人類学的なことを実際に勉強していて、そのメソッドを使いやすかった。エスノグラフィーの書き方とか、参与観察の仕方みたいなのを学んでいたところもあったので、それがエッセンスとして一番使いやすい。自分の専門領域を介在すると一番やりやすいからっていう理由。

四つ目が、民俗的なものの一番の先駆けで有名なのが柳田國男の『遠野物語』。あれが東北地方ですから、そことの差別化を図るなら、東北の反対としての九州だろう、と。私も九州出身でずっと九州にいるので、そちらの民俗とかに関しては個人的にも思い入れがあるし。

『遠野物語』は東北の寒村の雪がちらつく所に女が出てきてみたいな、民話を情緒的かつ文学的にして、でもアレンジし過ぎずに書くというところに面白さがあったと思うんです。それに対して、九州って気候的にも東北よりじめっとした暑い所なので、色んな意味で湿り気のあるホラーを書ける。九州のそういう民話的要素を入れるのは、生い立ち的にもメソッド的にも、先駆者との差別化という点でも適している。九州を舞台にした民俗学的エッセンスの怪談っていうところを選択したのは、この四つの理由が大きいかなと思います。

吉田　柳田國男が『遠野物語』の直前に発表した『後狩《のちのかり》詞《ことばの》記《き》』は九州ですよね。宮崎県の椎葉村。まあ、あれは狩猟や生活民俗のレポートであって怪談的な要素はないですけど。

梨　3・11の後に、被災地に幽霊の話が出ているというのを大学生がフィールドワークしていましたね。タクシーの運転手さんに聞き取り調査をしたり。あれも東北ですからね。

吉田　東北は、特に青森なんかが顕著ですけど、そういう怪談とか霊的な話をわりと受け入れやすい土壌があります。九州はどうなんですかね。沖縄は受け入れやすいですが。

梨　あんまりにわか知識で入ると火傷するので何とも言えませんが。私もＳＣＰでは九州制覇したとか言いながら、沖縄には全然行けていないので。九州に関してはわりとヒトコワ的な部分が強いですね。田舎の方だとコンビニが21時で閉まったり、人口よりも野良猫の数が多かったり。そういう所に馴染みがあったので、本家とか分家とか、あそこの地域の奴らはとか話しているのを、普通に聞きながら育ったんですね。洒落怖でいうと「裏S区」ですよね。あれも九州、福岡の辺りだって説がありますけど。

吉田 私も実際に、モデルとなった場所を現地取材したことがあります。

梨 そうですね。ああいう、家柄みたいなことに差別的なエッセンスを含んでいるような、変な家系があるとかいった怪談、不気味な話が肌感覚としては多かったんですよね。

吉田 そこに恐怖や不気味さを感じる地域性があるってことですかね。

梨 だからカッパとかの話よりは、家系がどうの、親の因果が子に報いだの、そういう話の方が身近でして。SCPで私が九州に関して書いているものも、そういう話が多いんですよ。家系で差別的な扱いを受けていたかもしれない、といったようなことがエッセンスとして使われていたり。

吉田 九州の土着性を怪談に持ち込んでいる人は、あまりいないかもしれない。雨宮淳司さんも福岡ですが、土着性というよりはもっと都会的な感じかな。福澤徹三さんも北九州、「禍話」のかぁなっきさんも福岡ですが、やはり現代的。みんな福岡だから都会的で現代的なのかな。

梨 私も大学は福岡なので。現代怪談では九州が多いですね。土着かどうかは別として。

吉田 『残穢』もそうですね。北九州の炭鉱にまつわる怪談が大きなモチーフとしてあるので。いわゆる「九州一の怪談」という話が。

梨 炭鉱とか水場、川の流れだとか。福澤徹三さんと怪談社さんの『忌み地』でも、確か炭鉱が川の流れに沿ってどうの、という怪談があったかと。

吉田 ただそれも炭鉱が潰れて以降、つまり昭和以降になりますからね。梨さんのモチーフは前近代の方ですもんね。

梨 そうですね。実際その頃の文献を見たりするのが、個人的に好きなのもあるんですけど。

吉田 民間信仰自体は、おそらく明治からではなく近世もしくは中世からあるんだろうなっていう手触りですね。炭鉱のギラギラした利害関係や人間関係とは味わいが違うというか。
でも実話怪談を取材していてもまだ、これはおそらく憑《つ》き物筋にまつわる体験談だよな、という話は聞きますよ。現代でも、こと結婚に関してはいまだに差別が残っていますからね。

梨 まだありますね。

吉田 そこは上手く隠して書くようにはしています。どんなに隠しても書いてはいけないという意見もあるだろうけど、でも、だからこそ書かなければいけないのではないかと私は考えていますね。言葉本来の意味でのサブカルチャーであり、現場の人たちからの証言なので。それはそれで、ちゃんと証言として残していかなきゃと思うんですよね。私より年下の人が自分の出自について話してくれる怪談、体験談だったりしますから。

梨　いわゆるサブカルという意味の方ではないサブカルチャー。社会学方面でも、どうしても暗部に行ってしまうようなところはありますからね。取材の伝手《つて》も最近は見つけにくいみたいですし。こちらが外部として入ってきたら、プロテクトされてしまうところがあって。

吉田　今なら多分、ラッパーとか板橋のギャングとか、ああいう不良文化のほうには社会学も目を向けているんでしょうけど。

梨　佐藤郁哉『暴走族のエスノグラフィー』がまさにそう。

吉田　そうですね。最近だと磯部涼『ルポ川崎』だとか。

梨　実話怪談の方々も、ご本人たちがどう定義しているのかはわかりませんが、フィールドワーク的なことをやっている場合もあるんですね。今までそういうやり方を学んできた人っているんでしょうか。確か煙鳥さんは、そういうことをやられていたと。

吉田　彼は社会学でエスノグラフィーやフィールドワークについて大学で訓練していたようです。

梨　煙鳥さんとお話ししたときに「こういうテープレコーダーを使った」というのが、本当にフィールドワークで使うものだったから、すごいなと思った記憶があって。そこまで学問のメソッドを使っているというのは意外と聞かないですね。やっていることはフィールドワークに近いところもありますが、メソッドとしては独自に発展した取材手法というか記者に近い。

吉田　そうですね、ノンフィクション作家あるいは、事件記者に近いときもある。プラス、心理カウンセリングに近いときもあって、個人史や体験時の環境というのを掘り下げるときもある。川奈まり子さんは多分そこをかなり意識してやっていて、私も意識するときがあります。事件記者的な側面、フィールドワーク的な側面、カウンセリング的な側面の三つでバランスを取っている感じかな。例えばご当地怪談ならカウンセリング要素は薄めだけどフィールドワークや資料収集が多くなる。がっつり体験者個人に寄り添うような話のときは、カウンセリング要素が強くなる。

梨　ライフヒストリーに関わっている怪談も結構ありますもんね。特に憑き物筋とか。

吉田　かなりの確率で、実話怪談というのはその体験者個人のライフヒストリーに関わっているものだと思います。掘り下げ方にもよりますけどね。そっちを掘り下げるか掘り下げないかは、取材者の選択次第でもあります。まあいかんせん学問ではないから、今挙げた三つの要素のどれもが、どっちつかずの中途半端なんですけれども。

梨　だから色々できるというところもあるし、そこがやっぱり面白い。

吉田　やはり実話怪談においても「批評」というのを、これからちゃんと立ち上げていかないといけないと思うんですよ。近年アカデミズムからも注目されていますし、アカデミズムで修業した人たちも実話怪談シーンに参戦してきていたりもしますし。私の最近の目標でもあります。

梨　やっておいた方がいいんでしょうけど、やりたがらない気持ちもちょっとわかるというか。

音頭を取るのは難しいだろうなという気持ちもわかります。

ファウンドされるものの怖さ

吉田　ファウンド・フッテージは、怪文書が代表的なように、誰かの日記や手記といったものを見つけましたという体の物語形式でいくわけですよね。例えば私がぱっと思いつくのは、「トミダノ股割レ」とか「ワラビ採り殺人事件」みたいな実際の未解決事件にまつわる怪文書。

梨　「ミユキカアイソウ」、「オワレている　たすけて下さい」ですね。

吉田　他にも失踪事件の「洋子の話は信じるな」とか。あと奥さんと娘を殺しちゃった音楽会社の男が自殺する時、その様子をテープで録音していたものとか。ああいったものの気味悪さだったり怖さだったりを想定しているのかなと思いました。

梨　その部分もあります。未解決事件のウィキとか、あるいは、そういう変な怪文書だったり変な書き込みがありましたとか。2ちゃんの「消えたとてうかぶもの・？」もそうですよね。ああいうコピペが実際に書き込まれているところを掲示板で見ていた原体験はあったので、そこの気味悪さっていうのもあるんですよ。

ファウンド・フッテージとして、あるいは資料を集めてそれを公表しましたっていう体にした場合、「誰を」の部分はある程度自由に設定できます。だから例えば、その人自体にちょっとした怖さがある、その出自に不気味さがあるとか、そういうところで怖さの演出をしたりもしますね。

吉田　その部分においては、怪談的な怖さというよりはヒトコワというか、人の精神の怖さにシフトしているなと感じます。

梨　まさに「怪文書展」はそうでした。

吉田　人智の及ばない世界、霊的なもの、ここではない異界ということではなく、人間の精神のブラックボックスというところですね。精神が狂っていくような怖さというのも、わりと梨さんの作品においては見られますね。もしかしたら霊的な怖さよりも、そっちの方が多いぐらいかな。

梨　確かに『かわいそ笑』だと、そっちが8割ぐらいだった感じもしますね。

吉田　大森時生さんと組んだ『このテープもってないですか?』にしても、言ってみれば人の精神が壊れていくことが感染していく恐怖であって、霊的な恐怖ではないですね。

梨　どちらかというとヒトコワというか不条理系ですね。実際そういう風になってしまった人の、立ち振る舞いの異化効果みたいなところだと思うんですけど。その前に大森さんがやってらっしゃった『Aマッソのがんばれ奥様ッソ!』がヒトコワと、因習的な怖さというところになるので、それとは別のところで梨っぽさを出すとしたらどうすればいいだろうということで考えたのがこのフォーマット、演出方法でしたね。

近代小説から脈打つファウンド・フッテージ

吉田　昔の小説を見てみると、結構ファウンド・フッテージものがあったりするんですね。葉山嘉樹『セメント樽の中の手紙』とか、それこそ夏目漱石の『こころ』だって、後半はある種のファウンド・フッテージものですし。あとは私が現代怪談の源流の一つだと思っているヘンリー・ジェイムズ『ねじの回転』も。形式としては、作者ヘンリー・ジェイムズの友人が、どこかから家庭教師の女の人の手記を発見したので、それを公開しますという形になっている。意外とフェイクドキュメンタリーっぽいつくりなんですよね。

梨　日本だと、書簡体形式とか。よく言われる夢野久作『ドグラ・マグラ』も、完全なファウンド・フッテージではないですけど、ちゃんとした地の文の視点になるのが、確か下巻の終わりぐらいまでかかった気がします。それまではもう精神に異常をきたした患者の独白という体で続いている。一応これまでもあった手法ですが、それがホラーとして使われ始めたのはわりと最近なのかもしれない。

　文芸評論家の誰かが、一人称を「私」にすると日本の小説だと非常に据わりがいいのはなんでなんだろう、みたいなことを言っていて。確かにそうだなと。「私」っていうものに対する内省みたいなものが、それこそプロレタリア文学以降ぐらいの日本文学において、一つ至上命題としてあった気がしていて。

吉田　もちろん私小説でも三人称であることも多いんですが、日本文学全体が、人称云々ではなく、「私」というものの、個人の内面を深掘りするという方向に行った。その揺り戻しが実話怪談であったり、梨さんの一連の作品であったりするのかなと思うんですよね。

近代ロマン主義的な、芸術家という作家個人が霊感により創造物を作るという考え方ではない。創作物の評価は作家の名誉になるという価値観を放棄している訳じゃないですか。実話怪談では体験者さんの方が偉いですから。作家としての想像力、創造ではなくイマジネーションの想像力がないですと言っているのと同じなので。だから実話怪談のプレイヤーというのは、近代ロマン主義的な意味での「作家」ではない、と私は主張しています。梨さんの場合は、想像して作ってはいますが、ただ形式としては似たような枠組みになっている。だから、下手するとわりと多くの人が、梨さんは収集力はあるけれど想像力がない人間だと思っているかもしれない。

そういった梨作品と肌触りとして近いのは『セメント樽の中の手紙』じゃないかっていう気がするんですよね。あの作者も、別に自分のイマジネーションの想像力を褒めてもらいたいわけではないでしょうし。どこかの知らない誰か、声を持たざる民衆の隠れた声が偶然発見されたというところに着目してほしいと思っている。

あと、「信頼できない語り手」的なところも、短い中で盛り込まれていたりするんですよね。あの作品は正確には完全なファウンド・フッテージではなくて、地の文の外側がある。まず、建設現場の労働者の松戸与三が、セメント袋の中から木の箱を発見する。それがなかなか開かないのでイライラして壊したら、木の箱の中に、さらにぼろきれにくるまれた何かがあって、そのぼろきれをはがしたら手記がある。その手記にしても、それを書いた女工さんの体験談ではない。女工さんの婚約者がこういう酷い目に遭ったという、人伝てに聞いた話を書いている。

梨 作中作中作ぐらいの入れ子構造なんですね。

吉田 その入れ子構造、多層構造がそのまま「セメント樽の中の木箱の中のぼろきれの中の手記」という設定に象徴されている。だけど作者としては怪奇ミステリーを書きたかったわけではないと思うんですよね。葉山嘉樹はプロレタリア文学として、名もなき民衆の声なき声を書こうとした。そうしたら、すごい怖い話になっちゃったという。あれが梨さんの作品と肌触りとして近い。

梨 こういうタイプで書くとしたら、かっこ書きの「私」、梨という存在ができる限り透明でないといけないというか、透明であってほしいんですよ。私がどうやっているかじゃなくて、とりあえずこの情報を見てください、という方向になるので。私がそれをどう思っているかというよりは、透明化された私が集積して収集したこの情報を見てください、という側にシフトしているので。こちらの私は、キャラが立ってはいけない。

吉田 だから「なし」なんですか。nothingの無し。

梨 はい。対談イベントをするときも、私役の人を数人雇ってとっかえひっかえ壇上に出して、私は透明です、何者でもありませんよ、っていう風にしようとしたことがあります。

吉田 今日び、それをすると逆にキャラが立っちゃいますよ（笑）。ファウンド・フッテージものの宿命として「このフッテージは誰が見つけたものなの？」というのが絶対的な背景としてあるじゃないですか。発見したファウンダーは誰なのか。いくら隠そうとしてもそこは注目されるし、今のように作り手が表に出るのが当たり前の世の中だと、隠せば隠すほど神格化する、キャラ立ちしてしまう危険があるのでは。だから逆に『セメント樽の中の手紙』みたいに、作者の葉山嘉樹が透明化するために松戸与三みたいな登場人物を設定する、というやり方もある。

梨 おそらく最善は、阿澄思惟さんぐらいの感じが一番いいと思います。もう完全に誰が誰だかわからなくて、この人だろうみたいに想像されて。ちょっと前の時代だったら『家畜人ヤプー』の沼正三さんとか、ああいう感じになると思うんですけど。あれはあれで、作者が誰なんだろうっていう方向のセルフブランディングだった。

吉田 阿澄思惟さんは三津田信三さんなんだろうって、みんな思ってますけどね。

梨 『忌避（仮）』に出てくる名前が「津田信《ツダマコト》」だから、そうだろうと思われていますけど、まあ一応隠しているという。とはいえネット上でやるとしたら、作者探しは宿命というか、そういう風になっちゃうんですよね。

吉田 作者の生活もあるわけですから。単純に私生活を隠しおおすのも大変だし、仕事を取っていくにしても「はい原稿を送りました」だけで生活費を賄えるだけのギャラが貰えるかというと、今の日本の状況では難しい。ある程度、他の仕事もしなきゃいけない。

梨 本当に。『近畿地方のある場所について』の背筋さんがすごく誠実だなと思ったのは、作品が完結した後、バズっていたアカウントとはまた別のご自身のアカウントを作って「※注意※作品から感じる恐怖感を損なう可能性があるため、それでも問題ない方はお読みください。また、あえて恐怖感を低減するために読んでいただいてもかまいません。」と発信した。そこでライナーノート、作中の裏話みたいなものを出したんですよ。だから『近畿』を完全なアノニマス、アラン・スミシーが書いたものとして読む人は、これを読まないでほしい。逆に恐怖を薄めたい人は読んでくださいって明示していました。それを読むか読まないかは、あなた次第だけどねっていう感じの落としどころになっていて。エンタメとしてやるとしたら、それが最適解の一つではあるのかもしれない。

吉田 今はそれが最適解かもしれない。10年前だったら無粋と言われるかもしれないけれど、今この状況、２０２０年代の日本のこの状況においては、それは誠実ですね。

梨 エンタメとして楽しむのであれば誠実ですし、完全にフェイクドキュメンタリーとして楽

吉田　しみたい人からは「無粋だ」という意見も享受しないといけないかもしれないですね。

でも完全に隠すことが最適解なのかというと、今はそうじゃなくなっているかもしれない。それはそれでもう浅いのかもしれないっていう。虚実の取り扱いがものすごい勢いで二転三転四転五転しているので、作者はどうすべきかの最適解の態度も常に流動している。

梨　特にホラー作品、またネットホラーだとさらにそうです。これはもう全く無責任な考察なんですけど、多分、２０２５年頃までには、ネット上に集積した情報で考察してもらうみたいな手法は、一回揺り戻しが起こるんじゃないか。「そういう考察はもう疲れたよ」みたいになる時期が来るんじゃないかなと思っています。

吉田　となると、スタンダードな骨太ホラー小説が流行る。

梨　骨太ホラー小説とか、あるいは最初から解説ありきというか、もう解説を地の文で提示しちゃう。あるいはちゃんとキャラクターがいて、小説として面白いみたいな感じの方に行くんじゃないかなと、私は思っているんです。

吉田　それはあり得るかもしれないです。私は最近、また篠田節子などの小説を読んでいますけど、やっぱり骨太感っていいなって思いますよね。

梨　こっちはカウンターですからね。他に骨太ホラーや実話怪談とかがあって、そのカウンターとしてようやく機能するコンテンツだと思っているので。ファウンド・フッテージが主流になったら、絶対に読み手は疲れるんですよ。だってこんな、読み手に能動性を担保して、それでようやく成立するなんてものが乱立した場合、読者にとっては「それらを読み解くのに時間使ってくださいね」なんて知ったこっちゃねえよ、ってなるじゃないですか。

吉田　ひたすらカウンターであるという意見には、確かになるほどと膝を打つところはあります。もしそれがカウンターでしかないところから脱却するとしたら、それこそプロレタリア文学みたいな、なんらかの意義なりバックボーンをきちんと持つようになればいけるのかな。

梨　だから、次のステップにはそういうものがあるのかなと、今は思っています。